কানাডার দিনলিপি

রিপন দে

শৈলী প্রকাশনী

কানাডার দিনলিপি

Copyright © 2025, Ripon Dey, All rights reserved!

No part of this publication may be reproduced, distributed, or transmitted in any form or by any means, including photocopying, recording, or other electronic or mechanical methods, without the prior written permission of the author, except in the case of brief quotations embodied in critical reviews and specific other non-commercial uses permitted by copyright law.

The scanning, uploading, and distribution of this book without permission is a theft of the author's intellectual property. If you would like to share this book with someone, please purchase an additional copy for each recipient. If you are reading this book and did not purchase it or it was not purchased for your personal use, please return to your favourite book retailer and purchase your own copy. Thank you for respecting the hard work of this author.

ISBN: 978-1-738269167
Cover Design: Charu Pintu
First Edition: 2025
Printed in support of ISK
Publisher: Shoily Prokashoni.

কানাডার দিনলিপি

উৎসর্গ

মাহাবুবুল হাসান নিরু (১৯৭২-২০১৩)

প্রাক্তন সম্পাদক, জনপ্রিয় সাপ্তাহিক রোববার এবং সাপ্তাহিক ক্রিড়ালোক

(প্রাণপ্রিয় একজন মানুষ)

ভূমিকাঃ

দুটি কথা

১। "মানুষ বড়ই আশ্চর্যজনক"- সে সম্পদ অর্জন করতে গিয়ে স্বাস্থ্য হারায়। তারপর আবার সেই স্বাস্থ্য ফিরে পেতে সম্পদ নষ্ট করে। সে বর্তমানকে ধ্বংস করে ভবিষ্যতের কথা চিন্তা করে, আবার ভবিষ্যতে কাঁদে অতীতের কথা স্মরণ করে। সে জীবন কাটায় যেন কখনো মরবে না, কিন্তু যখন মৃত্যুবরণ করে, তখন মনে হয় যেন কখনো জন্মায়নি।

২। মুগ্ধ করা অন্ধকারের অবসাদ-মাখা গান তোমার খোলা জানালা দিয়ে কখনো আলতোভাবে ভেসে আসতে পারে। সেই গান বুকের পাজরে কখনই আটকে রেখো না। নইলে সে ক্রমশ হাতে পায়ে সোনার শিকল পড়িয়ে দিবে। চোখ বেঁধে দিবে নরম মখমলের ওড়নাতে। এত সহজে অন্ধকারের গানকে নিজের উপর কর্তৃত্ব করতে দিও না। ভেবো না। সূর্য তোমার জানালার পর্দা চুঁয়ে চুঁয়ে নিশ্চয়ই নেমে আসবে কোন এক সকালে। সে রকম কোন এক সকালের অপেক্ষায়|

রিপন কুমার দে

শুরুর কথা

দেশের বাইরে আসলেই সেই দেশের প্রতি ভালোবাসা পুরোপুরি অনুভব করা যায়, নতুন দেশের মাটিতে পা রাখলে, তার প্রতি এক অজানা টান সৃষ্টি হয়। সবার ক্ষেত্রেই এটা হয় বলে মনে হয়, আমিও এর ব্যতিক্রম ছিলাম না। বাংলাদেশের প্রতি আমার তীব্র ভালোবাসা আমি টের পেয়েছিলাম কানাডাতে আসার এক সপ্তাহ পর থেকেই। সেই ভালোবাসা আর আবেগ থেকেই, প্রতিদিন লিখতে শুরু করেছিলাম, একটু একটু করে। কখনো হিমেল শীতের প্রথম স্পর্শ, কখনো কানাডার বহুত্ববাদী সংস্কৃতি, কখনো নতুন কোনো রাস্তায় হাঁটার সময় মন ছুঁয়ে যাওয়া প্রকৃতি, আবার কখনো একাকীত্বে মন খারাপের মুহূর্ত, ভ্যাঙ্কুভার বা টরন্টোর উজ্জ্বল শহুরে জীবন, কখনো আবার অচেনা এক পরিবেশে নিজেকে মানিয়ে নেওয়ার চেষ্টা, বন্ধুত্বের উষ্ণতা, কিংবা রাতের বেলা নিঃশব্দ বারান্দায় বসে দেশের কথা মনে পড়ার গল্প, এই বইটি সেই বহুত্ববাদী দৃষ্টিভঙ্গির গল্প, সেই অনুভূতির গল্প, সবকিছু মিলেমিশে কানাডার জীবনের এক ভেতরের গল্প। আর সেইসব এলোমেলো লেখালেখির ফলস্বরূপ তৈরি হলো এই 'কানাডার দিনলিপি' গ্রন্থ, যেখানে কানাডার ঘটনাবলির পাশাপাশি বাংলাদেশের ঘটনাবলিও গুরুত্বপূর্ণ জায়গা দখল করে নিয়েছে। যে কোনো ভিন্ন দেশের মাটিতে এসে একটি নতুন জীবন গড়ে তোলা সহজ নয়, এই বইটি সেই প্রতিদিনকার সংগ্রাম, এবং নতুন নানান চ্যালেঞ্জের মধ্য দিয়ে নিজেকে গড়ে তোলা, এক নতুন পরিবেশে নিজেকে খুঁজে পাওয়ার এক ব্যক্তিগত যাত্রার গল্প ফুটিয়ে তোলার চেষ্টা করা হয়েছে।

আর যারা অনেকদিন ধরে প্রবাসে আছেন, তারা হয়তো নিজেদের পুরনো দিনের কথা খুঁজে পাবেন এই লেখার মধ্যে। পাঠক হিসেবে আপনি যদি কোনো এক সকালে, ট্রেনে বসে বা সন্ধ্যায় চায়ের কাপ হাতে এই লেখা পড়ে একটু থমকে যান নিজের জীবনের সঙ্গে মিল খুঁজে পান তাহলেই আমার লেখা সার্থক। এই বই আমার চোখ দিয়ে দেখা কানাডা, আর মনের ভেতরে রাখা বাংলাদেশ এই দুইয়ের এক মেলবন্ধনের গল্প।

"কানাডার দিনলিপি" আমার কানাডায় থাকাকালীন প্রতিদিনকার ভাবনা, অনুভূতি আর অভিজ্ঞতার এক বহিপ্রকাশ। এই বই কোনো পরিকল্পিত গবেষণা নয়, বরং জীবনের চলার পথে জমে ওঠা অনুভবগুলোর সরল অনুবাদ। এই প্রাত্যাহিক ঘটনাগুলো যদি আপনাদের মনে এতোটুকু আনন্দ দিতে পারে, আমি নিজেকে সার্থক মনে করব।

কানাডার দিনলিপি

রিপন কুমার দে
ব্রিটিশ কলম্বিয়া, কানাডা

সূচিপত্র:

ভূমিকাঃ 4

  দুটি কথা 4

  শুরুর কথা 5

কানাডা ভাবনাঃ 10

  কানাডায় মাটিতে প্রথম পদধূলি 10

  কানাডায় প্রথম সিটি বাস ভ্রমণ 15

  টিম হরটন: কানাডার শীতে ছড়িয়ে যাওয়া উত্তাপ 17

  ওয়েস্টার্ন *ইউনিভার্সিটিতে* নতুন *ছাত্রজীবন* 19

  নায়াগ্রা ফলস, প্রকৃতির এক বিশালতা 22

  কানাডার শরতের রঙে রাঙানো প্রথম ভালোবাসা 27

  মেঘ ছোঁয়া এক বিকেল CN Tower ভ্রমণ 30

  কিলারনির সবুজের ডাকে একদিন (ক্যাম্পফায়ার) 32

  কানাডার হিম-শুভ্রতার প্রথম স্পর্শ 34

  সেন্ট অরেটরির ছায়ায় মন্ট্রিয়লে এক আধ্যাত্মিক বিকেল 36

  রাজধানীর চিঠি কানাডার হৃদয়কেন্দ্র অটোয়ায় একদিন 39

  ব্রুস পেনিনসুলা: স্বর্গের ছোঁয়া 42

ভ্যাঙ্কুভার ডায়েরি: কনফারেন্স আর এক সমুদ্র ঘেরা শহর 44

কানাডা- বাংলাদেশ: সম্পর্ক 47

মাটির নিচে চাপা থাকা নিষ্পাপ শিশুদের আর্তনাদ 49

কানাডায় বৈশাখী উৎসব এবং নতুন প্রজন্ম 53

ট্রুডোর শাসনামলে কানাডার সহিংসতা 55

২০২৫ সালের কানাডার নির্বাচন ও অভিবাসন বিতর্ক 58

বঙ্গবন্ধুর খুনি ডালিমের কানাডা আগমন 62

আমি আজ অনেকটাই বদলে গেছি, প্রভু (কল্পচিত্র) 66

বাংলাদেশ ভাবনা: 68

দেশে ফেরার টুকরো গল্প 68

ধর্ম, সংবিধান এবং জাতীয়তাবোধ 72

দুটি দেশের পতাকা ও একটি বিজয় 85

বাংলাদেশে কোটা আন্দোলন 88

কোটা আন্দোলন এবং আলোচনার প্রস্তাব 92

কোটা আন্দোলন- আপীল বিভাগ এর রায় 94

স্যাটায়ার: ক্রোধ (কল্পচিত্র) 96

মুক্তিযুদ্ধ, রাজনীতি, এবং একটি প্রজন্মের বিবেকের প্রশ্ন 98

কানাডার দিনলিপি

শুভস্য শীঘ্রম 103

জয়তু বাংলাদেশ, জয়তু নিজামী 107

ত্রৈ-ইন্দ্রিয়ের অকার্যকারিতা 111

বাংলাদেশের জন্মদিন: ২৬ মার্চ, না কি ১৬ ডিসেম্বর?........... 116

কভিড '১৯ - বুকটা হাহাকার করে উঠে............................ 119

মাস লেভেলে করোনা 122

বিজ্ঞান এবং বিনোদন ভাবনাঃ 124

শয়তানের ত্রিভুজ 124

মুভি রিভিউ: ২০১২ মিথ 130

বিজ্ঞানের হিগস-বোসন বা 'ঈশ্বর কণা দর্শন!! 135

মুভি রিভিউ: থার্ড পারসন সিঙ্গুলার নাম্বার 144

শেষকথাঃ 149

ভাল লাগার একটি গান 149

কানাডা ভাবনাঃ

কানাডায় মাটিতে প্রথম পদধূলি

স্থান: সিলেট, বাংলাদেশ | সময়: সেপ্টেম্বর ২০০৮

এয়ারপোর্ট-অ্যাংজাইটি-সিনড্রোম: ভিসা আছে, সাহস নাই.......................

২০০৮ সাল। সিলেটের বিমানবন্দর থেকে ঢাকা, তারপর দুবাই হয়ে এমিরেটস এয়ারলাইন্স এর ফ্লাইটে আমার কানাডা যাওয়ার প্রথম যাত্রা শুরু হলো। সিলেটের নিরুত্তাপ, সাজানো জীবন থেকে আচমকা এক অজানা, অনিশ্চিত যাত্রায় পা রাখলাম।

নিজেকে কখনোই খুব ভীরু মনে হয়নি। বরং কখনো কখনো দুঃসাহসী বলেই মানি। জীবনে এমন সব ঝুঁকি নিয়েছি, যা অনেকেই কল্পনাও করতে সাহস পায় না একবার গভীর রাতে ঢাকার রাস্তায় একাই ডিএসএলআর ক্যামেরা কাঁধে নিয়ে ঘুরে বেড়িয়েছি, পাহাড়ি ট্রেইলে পথ হারিয়ে চার ঘণ্টা ধরে হেঁটেছি, এমনকি একবার ইন্ডিয়ান ভিসা অফিসে লাইনে দাঁড়িয়ে পাশের লোকের হয়ে তর্ক পর্যন্ত করে ফেলেছি!

কিন্তু সেই আমিই যখন বিদেশ সফরের জন্য এক হাতে পাসপোর্ট, আরেক হাতে বিমানের টিকিট নিয়ে এয়ারপোর্টে পৌঁছি, তখন মনে হয় আমাকে কে জানি ঝাপটে ধরেছে। পিঠ সোজা রাখতে পারি না, হাত ঘামে, মুখ শুকিয়ে যায়, আর বুক ধড়ফড় করতে থাকে। যেন আমি কোনও আন্তর্জাতিক অপরাধী, যে চোরাইপথে পালাতে যাচ্ছি!

নিরাপত্তা চেকিং-এ ঢোকার সময়, সিনেমার মতোই মনে হয় রোবটের মতো কথা বলা এক গার্ড এক্ষুনি এসে বলবে, "স্যার, ব্যাগটা খুলুন।" মানিব্যাগটা দিন, পেন্টটা খুলুন।

এরপর ইমিগ্রেশন। সবচেয়ে বড় আতঙ্কের জায়গা। ভাবি, পাসপোর্টটা হাতে নিয়ে অফিসার হঠাৎ বলবে, "এই ছবিটার সঙ্গে আপনার চেহারা তো মিলছে না!" আমি হাসি দিয়ে বলব, "ছবিটা ছ' বছর আগের। তখন চুল বেশি ছিল, চামড়াও টানটান ছিল।"

কিন্তু ইমিগ্রেশন অফিসারদের চোখেমুখে কোনো মায়ামমতা নেই সে ঠান্ডা গলায় বলবে, “আপনার ফিঙ্গারপ্রিন্ট দিন, আর এক্ষুনি ইন্টারওগেসন-সেল এ ঢুকে পরুন।”

কাস্টমসে পৌঁছেই শুরু হবে আরেক নাটক। আমার স্যুটকেস যেন কোনও গুপ্তধনের পাত্র। ভাবি যদি ভুল করে রান্নার ছুড়িটা বেড় করে আনা হয়, অথবা মায়ের দেওয়া হলুদ গুঁড়োর বয়ামটা দেখে কেউ যদি সন্দেহ করে বসে, “এটা কী ধরনের পাউডার? এটা দিয়ে কি হয়?, এর কেমিক্যাল কম্পোজিশনটা কি?” তখন চিৎকার করে বলব, “মা বলেছে, বিদেশে পেট খারাপ হলে লাগবে!” কিন্তু কাস্টমস অফিসার নিশ্চয়ই তা মানবে না। বরং হুংকার দিয়ে বলবে, “আপনি স্বাস্থ্যবিধি লঙ্ঘন করেছেন, আপনাকে এখুনি গ্রেফতার করা হচ্ছে”।

বসে আছি গেটের সামনে, কিন্তু মনে হচ্ছে যেকোনো সময় হয় টিকিট হারিয়ে যাবে, নয়তো কেউ এসে বলবে, “স্যার, আপনার তো দেখি রিটার্ন ভিসাই নেই, আপনাকে যেতে দেওয়া যাচ্ছে না।” আমি তখন দশবার ব্যাগ খুলে দেখে নিই পাসপোর্ট আছে তো? বোর্ডিং পাস ঠিকমতো রেখেছি তো? ভয় হয়, পাশের ভদ্রলোকের টিকিটটা যদি আমার সঙ্গে বদলে যায়?

নাকি সুর দিয়ে কোনও মহিলা এইমাত্র ঘোষণা দিল, “এই তো, আমারই নাম ডাকে Ripon, please proceed to detention room!” অথচ সে বলছে, “AC 178 to Toronto, now boarding from gate B24.” কিন্তু সেই কণ্ঠে এত হিমশীতলটা, মনে হয় কারো মৃত্যুদণ্ড ঘোষণা করা হচ্ছে।

আমি কাচের জানালা দিয়ে তাকিয়ে আছি সামনে বিশাল AC-178 দাঁড়িয়ে। সেটা দেখে মনে হচ্ছিল, যেন কোনও রাজকীয় তিমি মাছ রানওয়ের ওপর ঘুমিয়ে আছে। মনে প্রশ্ন জাগে, “এই দৈত্যটা সত্যিই উড়বে? আর উড়লেও কি ধরে রাখতে পারবে নিজেকে?” বুকের ভিতরটা যেন টানটান হয়ে আসে, গলা শুকিয়ে যায়, হাত-পা জবুথবু, বুকের মধ্যে যেন ঢাক বাজছে “ঢাকঢাক গুড়গুড়, কিছু একটা ঘটবেই আজ!”

ঢাকার বিমানবন্দরে কিছুটা সময় কাটানোর পর, বিমানটি উড়াল দিল। বুকের ভেতরে রোমাঞ্চ আর অজানা এক ভয় একসঙ্গে খেলে যাচ্ছিল। অনেক প্রস্তুতি, কাগজপত্র, ভিসা,

টিকিট, সবকিছুর ঝক্কি পেরিয়ে অবশেষে আমি কানাডাগামী বিমানে উঠলাম। বিমানে উঠে বসেও শান্তি নেই। ভাবি, কেউ এসে বলবে, "স্যার, আপনার ভিসার মেয়াদ একদিন আগেই শেষ। এখানে কি করেন, ফাইজলামি মারেন মিয়া? নামুন।" তখন যাত্রীদের ভেতর দিয়ে লজ্জায় মাথা নিচু করে নামার দৃশ্য কল্পনায় করি। বিমানবালার হাসিটাও তখন চোখে ভাসে! সাহসিকতা তাই একেক সময় শুধু পাহাড়ে চড়া নয়, ইমিগ্রেশন অফিসারের চোখে চোখ রেখে বলার নামও! যাই হোক, পরের অংশ বলার আগে কানাডা সম্পর্কে এখানে একটু বলে নেই।

কানাডা, এই ভূমিতে প্রথম বসতি গড়ে তোলে এখানকার আদিবাসী জনগণ, যারা বহু বছর ধরে এই অঞ্চলে বসবাস করছিল। পনেরোশ শতকের শুরুর দিকে ইংরেজ ও ফরাসি অভিযাত্রীরা আটলান্টিক উপকূলে আসে এবং পরে স্থায়ী বসতি স্থাপনের উদ্যোগ নেয়। ১৭৬৩ সালে সাত বছরের যুদ্ধে পরাজিত হয়ে ফ্রান্স তাদের উপনিবেশগুলো ব্রিটিশদের কাছে হস্তান্তর করে। ১৮৬৭ সালে চারটি প্রদেশ একত্র হয়ে 'কানাডা' নামে নতুন একটি রাষ্ট্র গঠন করে। এরপর ধীরে ধীরে আরও প্রদেশ ও অঞ্চল যুক্ত হয় এবং ইংল্যান্ড থেকে স্বায়ত্তশাসনের পথ সহজ হয়। ১৯৮২ সালের কানাডা অ্যাক্ট অনুযায়ী, বর্তমান কানাডা দশটি প্রদেশ ও তিনটি অঞ্চল নিয়ে গঠিত একটি সংসদীয় গণতন্ত্র ও রাজতান্ত্রিক রাষ্ট্র। কানাডা – পৃথিবীর দ্বিতীয় বৃহত্তম দেশ। এই দেশটিতে যাচ্ছি পড়াশুনার উদ্দ্যেশে।

অবশেষে, অবিশ্বাস্যভাবে, প্লেনটা আকাশে উঠে গেল। মেঘের ভেতর দিয়ে ছুটছে, কিন্তু এখনও পর্যন্ত কোনও নাটকীয় ঝাঁকুনি নেই। একটু সাহস ফিরে আসছে, আমি জানালার পাশে বসে বাইরের অন্ধকার আকাশের দিকে তাকাই। প্লেনে বেশি যাত্রী নেই, যতজন আছে, তাদের বেশির ভাগই বাঙালি।

বিমানবালারা তখন খাবার পরিবেশন শুরু করেছে। প্লেনের খাবারের গন্ধটা এমন, যেন হাসপাতালের ওয়ার্ড থেকে আসা খাবার আবার গরম করে পরিবেশন করা হয়েছে। আর সেই চা আর কফি, দুটি বিষাক্ত তরল! মনে হয়, বিমানের ইঞ্জিনে ব্যবহৃত পুরনো মবিল একটু গরম করে কাপে ঢেলে দিয়েছে। কেউ যদি জিজ্ঞেস করে, "চা না কফি?" মনে চায় বলি, "জল দিলেই চলবে!"

কানাডার দিনলিপি

জানালার বাইরে আকাশ আর মাটির দিকে অপলক তাকিয়ে থাকি কিছুক্ষণ, একদিকে কানাডার নতুন স্বপ্নময় হাতছানি আর অন্যদিকে আমার ফেলে আসা বাংলাদেশ, কেমন এক মিশ্র অনুভূতি। একজন মহিলা কেবিন ক্রু আমার দিকে হেসে তাকিয়ে বললেন, "আপনার প্রথম ফ্লাইট কি না?" আমি মৃদু হাসি দিয়ে বললাম, "হ্যাঁ, এই প্রথম।" সেই হাসিমুখ আর তাদের উষ্ণ অভ্যর্থনা প্রতিটি যাত্রীর মন ভালো করে দেওয়ার জন্য যথেষ্ট।

ট্রানজিট - দুবাই। বিমানবন্দরগুলো যে কী পরিমাণ বিশাল হতে পারে, তা আমার প্রথমবারের মতো অনুধাবন করলাম। বিশালাকৃতি শপিং মল, রেস্টুরেন্ট, লাউঞ্জ এবং নানা ধরনের নান্দনিক স্টোর সব কিছু যেন চোখের সামনে এককেটা নান্দনিক জাদুঘর। দুবাইতে এক ঘণ্টার ট্রানজিট ছিল, খেয়াল করলাম নানা দেশের মানুষ স্বর্ণের স্টোরেই বেশি ভীর জমাচ্ছে। তবে খাবারের দোকানগুলোতেও ভিড় কোনও অংশে কম ছিলনা। আরব, ভারতীয়, পশ্চিমা সব ধরনের খাবারই পাওয়া যায় এখানে। এছাড়াও, দীর্ঘ layover-এর সময় বিনোদনের জন্য ছিল সিনেমা কর্নার, আরামদায়ক "snooze cube," এবং এমনকি ছোটখাটো গেমিং জোনও ছড়িয়ে ছিটিয়ে আছে চারদিকে।

দুবাই থেকে পরবর্তীতে কানাডার উদ্দেশ্যে যাত্রা শুরু করলাম। বিমানটি অবশেষে টরন্টো পিয়ারসন ইন্টারন্যাশনাল এয়ারপোর্টে-এ অবতরণ করল। বিশাল, গোছানো, আধুনিক একটি এয়ারপোর্ট। বিমানের দরজা খুলতেই এক শীতল বাতাসের ঝাপটা এসে লাগল। কানাডার তীব্র শীতের প্রথম অনুভূতি, সিলেটের গরম বাতাসের পর, যেন এক ভিন্ন বাতাসের স্পর্শ! ইমিগ্রেশন শেষ করে যখন লাগেজ হাতে নিয়ে বাইরে বের হলাম, তখন হালকা ঠান্ডা বাতাস আমাকে আবারও অভ্যর্থনা জানালো। এয়ারপোর্টের ইমিগ্রেশন এ কিছু প্রশ্নের উত্তর দিয়েই খুব দ্রুত আমি বাইরে বেরিয়ে এলাম।

লন্ডন, অন্টারিওর উদ্দেশ্যে বাসে যাত্রা শুরু করি। জানালার পাশে বসে দূরের দিগন্তের দিকে তাকিয়ে থাকতে থাকতে নিজের মনেই ভাবছিলাম এই দেশটাই এখন আমার ভবিষ্যতের ঠিকানা, অন্তত পড়াশুনা শেষ না হওয়া পর্যন্ত। রাস্তার দুই পাশে ছিমছাম শহর, খোলা প্রান্তর, আর পরিচ্ছন্নতা দেখে মুগ্ধ হচ্ছিলাম বারবার। বাসটা যখন ধীরে ধীরে লন্ডনের দিকে এগোচ্ছিল, তখন বুকের ভেতরে অদ্ভুত এক আনন্দের পাশাপাশি কেমন যেন চিনচিনে, অজানা একটা ভয়ও কাজ করছিল, কোনও এক অজানা কারনে।

স্টেশনে যখন বাস থামে, তখনই দেখি তুষার দা দাঁড়িয়ে আছেন একটা মিষ্টি হাসি নিয়ে। দীর্ঘদিনের পরিচিত মুখ, কিন্তু এখন যেন আরও আপন। আমি নামার সঙ্গে সঙ্গে উনি আমাকে জড়িয়ে ধরলেন ভাইয়ের মতো নয়, যেন বাবার মতো এক মমতা মেশানো আলিঙ্গন। সেই মুহূর্তে কানাডার মাটিতে আমি প্রথমবার নিজেকে একা মনে করিনি।

তুষার দা'র বাসায় পৌঁছে যেন একটু স্বস্তি পেলাম। পরিচিত ভাষা, আতিথেয়তা, আর এক কাপ গরম চা সবকিছু মিলিয়ে মনে হচ্ছিল, হাজার মাইল দূরে থেকেও আমি আমার পরিবারের মানুষদের সাথেই আছি। সে রাতে অনেক আবেগময় কথা হলো, অনেক স্মৃতিরুমন্থন করা হল, আমার সকল ভ্রমণক্লান্তি নিমেষেই মুছে গেল। জীবনের প্রথম বিদেশ যাত্রা সবসময়ই স্মরণীয় হয়। কিন্তু আমার এই কানাডায় আসা, টরন্টো থেকে লন্ডন পর্যন্ত যাত্রা, আর তুষার দা'র সেই আবেগী আলিঙ্গন এই সকল স্মৃতি আমি আজীবন মনে রাখব।

কানাডার দিনলিপি

কানাডায় প্রথম সিটি বাস ভ্রমণ

কানাডায় প্রথমবার যখন লন্ডন শহরের সিটি বাসে চড়লাম, সঙ্গী হিসেবে ছিল আমার প্রিয় বন্ধু পঙ্কজ দা, যিনি আমার কানাডায় আসার পর থেকেই আমার সবচেয়ে কাছের বন্ধু হয়ে উঠেছিলেন। প্রথমেই আমরা ক্যাম্পাসের কাছের একটি বাস স্টপ থেকে বাস ধরার পরিকল্পনা করলাম। বিশ্ববিদ্যালয় থেকে বেরিয়ে, আমি আর পঙ্কজ দা বাস স্টপে দাঁড়িয়ে আছি। বাসটি এসে দাঁড়ানোর পর, একে একে আমরা বাসে উঠে আমাদের সিটে বসলাম। বাসে চড়লেই প্রথম যে বিষয়টি নজরে পড়ে, তা হলো শৃঙ্খলা। ভেতরে হুইলচেয়ার, বেবি স্ট্রল বা প্রবীণ নাগরিকদের জন্য আলাদা ব্যবস্থা আছে। সামনের দিকে ডিজিটাল সাইনবোর্ডে প্রতিটি স্টপের নাম ভেসে উঠে। পঙ্কজ দা বলল, একজন যাত্রীর ফেয়ার সাধারণত $৩.২৫। তবে "transfer" ব্যবস্থা আছে, যার মানে একবার টিকিট কাটলে নির্দিষ্ট সময়ের মধ্যে অন্য বাসেও চড়া যায়, বাড়তি খরচ ছাড়াই। বাস চলতে শুরু করার পর আমি অবাক হয়ে দেখছিলাম,, রাস্তার দুই পাশে দেখা যাচ্ছিল আধুনিক ভবন, সুন্দর পার্ক, আর খোলা আকাশ।

হঠাৎ দেখি বাসে এক বৃদ্ধা মহিলা হেঁটে উঠছেন, সঙ্গে ভারী ব্যাগ। সঙ্গে সঙ্গে এক কলেজ পড়ুয়া উঠে দাঁড়ালেন, তাকে আসন দিলেন, ব্যাগটাও ধরে রাখলেন। দৃশ্যটা দেখে খুব ভাল লাগল, ছোট ছোট ভালবাসা, কিন্তু কত সহজেই না পৃথিবী বদলিয়ে দিতে পারে। বাসের যাত্রাপথটা তেমন একটা দীর্ঘ ছিল না, বাসে চড়ে লন্ডনের সড়কগুলোর সৌন্দর্য দেখতে দেখতেই, আমরা আমাদের গন্তব্যে পৌঁছে গেলাম। প্রথমদিকে কিছুটা দ্বিধা ছিল নতুন দেশ, নতুন ভাষা, নতুন পরিবহন ব্যবস্থা। কিন্তু আস্তে আস্তে আমি অভ্যস্ত হয়ে উঠি, আর এখন মনে হয় সিটি বাস যেন আমার প্রতিদিনের চলার এক বিশ্বস্ত সঙ্গী।

বিদেশে আসলে, বিশেষ করে উন্নত কোনো দেশে, অনেক কিছুই আমাদের দৃষ্টি কাড়ে– পরিচ্ছন্ন রাস্তা, শৃঙ্খলিত যানবাহন, পরিবেশবান্ধব নীতিমালা, আর মানুষের নিয়ম মেনে চলার অভ্যাস। কানাডায় এসে আমিও একইরকম মুগ্ধ হয়েছি। তবে মুগ্ধতার মাঝেই একটা প্রশ্ন ঘুরপাক খেতে থাকে–এসব কি আমাদের দেশেও সম্ভব নয়? অবশ্যই সম্ভব, যদি আমরা নিজেদের চিন্তাভাবনায় একটু পরিবর্তন আনি, নিয়ম মানাকে দায়িত্বের অংশ হিসেবে দেখি। আমরা বিদেশে গেলে অনায়াসেই নিয়ম মেনে চলি, কিন্তু দেশে ফিরেই

সেই চর্চা হারিয়ে ফেলি কেন? কয়েকটি বিষয় যেমন–রাস্তায় শৃঙ্খলা, পথচারীর নিরাপত্তা, বর্জ্য ব্যবস্থাপনা কিংবা পরিবেশ রক্ষা–এসবের পেছনে শুধু কাঠামোগত সুবিধা নয়, নাগরিকদের মানসিক পরিপক্কতাও গভীরভাবে জড়িত। তাই উন্নয়ন শুধু দালানকোঠায় সীমাবদ্ধ নয়, তা শুরু হয় সচেতনতা আর দায়িত্বশীলতা থেকে।

টিম হরটন: কানাডার শীতে ছড়িয়ে যাওয়া উত্তাপ

শীতের সকাল, নাক দিয়ে ধোঁয়া বেরোচ্ছে। হঠাৎই রাস্তার কোণে চোখে পড়ে একটি লাল-সাদা রঙের চেনা নাম - টিম হরটন। এই নামটি শুধু একটি কফি শপ নয়, বরং কানাডিয়ান সংস্কৃতির এক অবিচ্ছেদ্য অংশ। এটি কানাডার অন্যতম জনপ্রিয় কফি শপ চেইন, যেখানে সারা দেশে মানুষের ভিড় থাকে প্রতিদিন।

আমি প্রথমবার এই জায়গায় এসে একটা অদ্ভুত অনুভূতি হচ্ছিল। শীতল বাতাসের মধ্যে, সেন্ট্রাল লন্ডনের একটা টিম হরটন এ ঢুকলাম, দেখলাম, বিপুল পরিমাণ কাস্টমার, সবাই কফি আর ডোনাটে ডুবে আড্ডা দিচ্ছিল, হাসছিল, আর নিজের দিন শুরু করছিল। আর আমি প্রথমবারের মতো, কানাডার সংস্কৃতির একটি অংশ হয়ে এই নতুন এবং রোমাঞ্চকর অভিজ্ঞতা লাভ করতে যাচ্ছি। অর্ডার করলাম: একটা "ডাবল-ডাবল" (দুধ আর চিনি ডাবল চামচ করে কফি)। প্রথম চুমুকেই বুঝলাম এ শুধু কফি না, এটা কানাডার সকাল। গরম কফির কাপে যেন বন্ধুত্ব, স্নেহ আর ভোরের গন্ধ মিশে আছে।

টিম হরটন বা সংক্ষেপে "Timmies" শুরু হয়েছিল ১৯৬৪ সালে, অন্টারিওর হ্যামিলটনে। প্রতিষ্ঠাতা ছিলেন NHL খেলোয়াড় টিম হরটন। আজ, এই ক্যাফেটি শুধু কানাডার নয়, আন্তর্জাতিকভাবেও এক বড় নাম। কানাডার প্রতিটি ছোট শহর থেকে বড় শহরে টিম হরটনস আছে। সকালে কাজের আগে, দুপুরে বন্ধুদের সাথে, বা সন্ধ্যায় নিঃশব্দ একাকিত্বে "এক কাপ টিমস" যেন সব মুহূর্তের সঙ্গী। কানাডায় আপনি যদি কাউকে জিজ্ঞেস করেন, "চলো টিমসে যাই?" সেটি যেন এক অলিখিত বন্ধুত্বের আমন্ত্রণ।

কিছু মজার তথ্যঃ ১) "ডাবল-ডাবল" শব্দটা এতটাই জনপ্রিয় যে এটা এখন কানাডার অভিধানেও স্থান পেয়েছে। ২) শীতে অনেকেই টিম হরটনসের গরম কাপ হাতে রেখে হেঁটে যায় একটা চলন্ত হিটারের মতো! ৩) কেউ কেউ টিম হরটনস ছাড়া সকাল শুরু করতে পারে না তাদের কাছে এটা ধর্মের মতো!

টিম হরটনস শুধুই কফি নয়, প্রথম শীতের উষ্ণতা, প্রথম বন্ধুত্বের গল্প, আর একটি নতুন দেশের সাথে নিজের মিশে যাওয়ার এক মধুর স্মৃতি। প্রবাসে যখন মন খারাপ হয়,

কানাডার দিনলিপি

তখনই চলে যাই টিম হরটনসে। এক কাপ কফি হাতে নিয়ে জানালার পাশে বসি, আর ভাবি এই দেশটা কেমন করে জানি আমার নিজের হয়ে উঠেছে প্রতিদিন।

ওয়েস্টার্ন ইউনিভার্সিটিতে নতুন ছাত্রজীবন

স্থান: লন্ডন, অন্টারিও | সময়: সেপ্টেম্বর ২০০৮

আমার কানাডা যাত্রার শুরু হয়েছিল অজানা, আর এক অনিশ্চিত আশা নিয়ে। বিমান যখন টরোন্টো পিয়ারসন-এ নামলাম, তখনও জানতাম না ঠিক কোন পথে চলতে হবে, কিভাবে চলতে হবে। তবে একটা জিনিস স্পষ্ট ছিল আমি যাচ্ছি আমার স্বপ্নের বিদ্যাপীঠে, ইউনিভার্সিটি অফ ওয়েস্টার্ন অন্টারিও, সংক্ষেপে ওয়েস্টার্ন ইউনিভার্সিটি।

কানাডায় আসার পর, বিশ্ববিদ্যালয়ের প্রথম দিনটা ছিল নতুন একটি অভিজ্ঞতা। আমি বিশ্ববিদ্যালয় অফ ওয়েস্টার্ন, অনটেরিও-তে মাস্টার্স প্রোগ্রাম-এ ভর্তি হয়েছিলাম, এবং আজ ছিল আমার প্রথম দিন। বিশ্ববিদ্যালয়ের ক্যাম্পাসে পা রেখে, আমার প্রথম কাজ ছিল Orientation Day তে অংশগ্রহণ করা, যা বিশ্ববিদ্যালয়ের নতুন ছাত্রদের জন্য আয়োজিত একটি দিকনির্দেশনা-মূলক দিন। দিনের শুরুতে আমাদের সবাইকে একটি বড় অডিটোরিয়ামে ডেকে নিয়ে আসা হলো। প্রথমেই আমাদের পরিচিতি পর্ব শুরু হলো। আমাদের ক্লাসমেটদের সাথে পরিচয় হলো। প্রত্যেকের মুখেই নতুন কিছু করার আগ্রহ ছিল, আর তাদের সাথে কথা বলার পর মনে হলো, আমি একাই নতুন জায়গায় নয়, সবাই কিছুটা উদ্বেগ এবং উত্তেজনায় কাটাচ্ছিল। বিদেশি ছাত্র হিসেবে কিছুটা আলাদা সেমিনারও ছিল, যেখানে আমাদের ভিসা, কোর্সের বিস্তারিত, এবং বিশ্ববিদ্যালয়ের অন্যান্য সুবিধা সম্পর্কে জানতে পারলাম। কনসালট্যান্টস এবং বিশ্ববিদ্যালয়ের কর্মকর্তা-কর্মচারীরা আমাদের যথাসম্ভব সাহায্য করলেন যাতে আমরা এখানে সহজেই মানিয়ে নিতে পারি। আমি যে স্টুডেন্ট হাউজিংয়ে থাকবো, তার জন্য কিছু পরামর্শও পাওয়া গেল, এবং কীভাবে ক্যাম্পাসের মধ্যে সুযোগ সুবিধাগুলি কাজে লাগানো যাবে, তা নিয়েও বিস্তারিত অনেক কিছু জানা গেল। দিনের শেষে, আমাদের ক্যাম্পাসের ভিতরে একটি ছোট ট্যুর দেওয়া হলো। বিশ্ববিদ্যালয়ের লাইব্রেরি, ক্যানটিন, বিজ্ঞান বিভাগ এবং অন্যান্য গুরুত্বপূর্ণ জায়গাগুলোর সাথে পরিচয় করিয়ে দেওয়া হল।

আমার কানাডায় প্রথম বিশ্ববিদ্যালয় জীবনের অভিজ্ঞতা, প্রথম দিন, প্রথম পরিচিতি, এবং ভবিষ্যতের নতুন পথে চলার প্রত্যয়। এই শুরুর দিকের ছোট ছোট শিক্ষণীয় মুহূর্তগুলোই কি একজন প্রবাসী ছাত্রজীবনকে ভবিষ্যতের জন্য রঙিন করে তোলে না? এই অধ্যায়টি

শুধু একজন ছাত্রের স্মৃতি নয়, বরং একজন অভিবাসী শিক্ষার্থীর মনোজগতে গড়ে ওঠা শিক্ষাজীবনের দ্বিতীয় বাড়িতে পদার্পণের গল্প। যাদের পড়াশুনার জন্য কানাডা আসার পরিকল্পনা আছে, তাদের জন্য এটি হতে পারে একটি আলোকিত বিদ্যাপীঠ।

প্রথমবার যখন ইউসি টাওয়ার আর ইউনিভার্সিটি কলেজ বিল্ডিং দেখি, মনে হয়েছিল যেন কোনো ব্রিটিশ সিনেমার সেটে ঢুকে পড়েছি। গথিক স্টাইলে তৈরি পুরনো ভবনগুলো আর চারদিকে সবুজ ছায়া এ এক অদ্ভুত রোমাঞ্চকর অভিজ্ঞতা।

স্পেন্সার ইঞ্জিনিয়ারিং বিল্ডিং, ফিজিক্স অ্যান্ড অ্যাস্ট্রোনমি বিল্ডিং, ওয়েলডন লাইব্রেরি, ওয়েস্টার্ন ইন্টারডিসিপ্লিনারি রিসার্চ বিল্ডিং (ডব্লিউআইআরবি) একেকটা বিল্ডিং যেন নিজস্ব ইতিহাস বয়ে নিয়ে চলে। আমার মাষ্টার্স প্রোগ্রামে প্রথম সেমিস্টারে যখন কোয়ান্টাম মেকানিক্স আর কনডেন্সড ম্যাটার ফিজিক্স এর অ্যাসাইনমেন্ট পেতাম, মাঝে মাঝে রাত দুইটা পর্যন্ত ওয়েলডন লাইব্রেরিতে বসে থাকতাম।

আমার সুপারভাইজার একবার আমাকে বলেছিলেন

"ইন কানাডা, উই ডোন্ট এক্সপেক্ট ইউ টু মেমোরাইজ, উই এক্সপেক্ট ইউ টু চ্যালেঞ্জ।"

এই বাক্যটি যেন আমার একাডেমিক জীবনের মন্ত্র হয়ে গেল।

আমার ক্লাসে ছিল বাংলাদেশ, ভারত, চীন, ইরান, নাইজেরিয়া থেকে আসা শিক্ষার্থী।

আমার রুমমেট আলি ছিল ইরান থেকে, আর ক্লাসমেট সিমরান ছিল দিল্লি থেকে। ওরা শুধু বন্ধুই ছিল না, অনেক সময় পরামর্শদাতা, রান্নার সঙ্গী বা হোস্টপট-এর কো-শেফ হয়ে উঠেছিল!

বাংলাদেশি স্টুডেন্টস অ্যাসোসিয়েশন অ্যাট ওয়েস্টার্ন (বিএসএডব্লিউ) এর সাথে যুক্ত হওয়ার পর দেখলাম কতগুলো প্রাণখোলা মানুষ, যারা বাংলা গান, খাবার আর গল্পে এক টুকরো বাংলাদেশ তৈরি করে নিয়েছে লন্ডন শহরে।

প্রতিদিন সকালে থেমস হল দিয়ে হাঁটতে হাঁটতে ইউসিসি টিম হর্টনস থেকে কফি নিয়ে ওয়েলডন লাইব্রেরিতে যাওয়া এটা ছিল আমার রুটিন। ওয়েলডন-এর ৪র্থ তলার নির্জন

কানাডার দিনলিপি

কোনাটা ছিল আমার 'স্টাডি জোন'। বৃষ্টি হলে টেইলর লাইব্রেরি তে চলে যেতাম ওটা একটু সাইলেন্ট, আর চেয়ারের আরাম একটু বেশি।

ক্লাসের ফাঁকে কখনো ইউসিসি অ্যাট্রিয়াম এ বন্ধুদের সাথে ঝটপট এক কাপ কফি বা "টিমস ব্রেকফাস্ট র‍্যাপ", কখনো পপআইস চিকেন বা সাবওয়ে খাবারের আনন্দও কম কিছু নয়!

ওয়েস্টার্ন-এ প্রথম শীত দেখেছিলাম ডিসেম্বরের শুরুতে থেমস রিভার এর পাড় সাদা হয়ে গেল, গাছের ডাল ভরে গেল তুষারে। এক সকালে দেখি, আমার বাইকের সিটেও বরফ জমে আছে! কিন্তু শীত মানেই কষ্ট নয় সেই সাথে আছে উইন্টার ফেস্টিভ্যাল, স্নোবল ফাইট অ্যাট ইউসি হিল, আর বন্ধুরা মিলে গরম কফি খাওয়ার ছুতো।

ক্যারিয়ার সার্ভিসেস অ্যাট ওয়েস্টার্ন আমাকে সিভি বানাতে সাহায্য করেছিল, ওয়েস্টার্ন কানেক্ট ওয়েবসাইট থেকে আমি আমার প্রথম অন-ক্যাম্পাস টিউটরিং জব পেয়েছিলাম। রিসার্চ ডে, থ্রি মিনিট থিসিস, টিএ ওয়ার্কশপ এসব একাডেমিক জীবনকে শুধু কোর্স পাশ করার গণ্ডি থেকে বের করে আত্মবিশ্বাসী করে তোলে।

ঈদ-উল-ফিতর এ বিএসএডব্লিউ আয়োজিত "ইফতার সন্ধ্যা" ছিল আমার প্রথম কানাডার ঈদ যেখানে খিচুড়ি, পায়েস, বেগুনি আর "আগের বাড়ির গল্প" সব ছিল। আজ আমি যখন থেমস রিভার এর ধারে হেঁটে যাই, আমার ভেতর এক আত্মপ্রশ্ন আসে

"তুমি যখন বাংলাদেশ থেকে এসেছিলে, তখন তুমি কে ছিলে? আর আজ তুমি কে?"

উত্তরটা সহজ না, কিন্তু একটা বিষয় স্পষ্ট ওয়েস্টার্ন ইউনিভার্সিটি আমাকে শুধু একজন শিক্ষার্থী নয়, একজন বৈশ্বিক শিক্ষার্থী হিসেবে গড়ে তুলছে, যে নিজের দেশের সংস্কৃতি কেও মনেপ্রাণে ধারণ করে।

রিপন দে

নায়াগ্রা ফলস, প্রকৃতির এক বিশালতা

জীবনের প্রতিটি শখ বা ছোট্ট আনন্দের একটা নির্দিষ্ট সময় থাকে। সময়টা পার হয়ে গেলে হয়তো সেই শখ পূরণ হয়, কিন্তু যে তৃপ্তির খোঁজে ছিলে, সেটা আর ঠিকমতো ধরা দেয় না। যেমন ধরুন, ১৭ বছর বয়সে যে বিরিয়ানিটা অমৃতের মতো লাগে, ৩২-এ এসে সেটা আর তেমন লাগবে না হয়তো খাবে, কিন্তু মনটা ভরবে না। ১৮'তে পাঞ্জাবি বা শাড়ি পরে সমবয়সীর সঙ্গে রিকশায় ঘোরার মধ্যে যে রোমাঞ্চ থাকে, সেটা ৩৬-এ এসে করার চেষ্টা করলেও মনে হতে পারে "এটা কি একটু বেমানান হয়ে গেল?" ২১ বছর বয়সে বন্ধুদের সঙ্গে সমুদ্র সৈকতে যাওয়া মানেই দারুণ উত্তেজনা আর হাসির ঝলকানি। কিন্তু সেই বয়স পেরিয়ে গেলে সময়, দায়িত্ব আর ক্লান্তি সেই আনন্দের জায়গাটা অনেকটাই দখল করে নেয়।

“নিজের একটা ছাদ হবে, তখন বাগান করব” এই আশায় অপেক্ষা করতে করতে বারান্দার টবেও যদি একটা গোলাপ না লাগানো হয়, একদিন দেখা যায় ছাদ এলেও সময়টা আর আসে না। যে ছেলে বা মেয়ে স্বপ্ন দেখে, চাকরি করে বাবা-মাকে দামি উপহার দেবে, সে হয়তো চাকরি পাবে, টাকা রোজগারও করবে কিন্তু তখন মা-বাবা হয়তো পাশে থাকবে না। জীবনের এই ছোট ছোট ইচ্ছেগুলোই আমাদের বাঁচিয়ে রাখে সজীব রাখে। যখন এগুলো দীর্ঘদিন অপূর্ণ থাকে, তখন মনটা একটু একটু করে মরে যায়। তাই সময় থাকতে, সুযোগ থাকতে শখগুলো পূরণ করে ফেলাই ভালো।

অনেক টাকা জমিয়ে একদিন পছন্দের কাচ্চি খাওয়ার চিন্তা বাদ দিয়ে আজই কিছু টাকা জমিয়ে খেয়ে আসুন! দেখবেন, জীবনের সেরা স্বাদটা এখনই পাচ্ছেন। যাকে ভালো লাগে, তাকে আজই রিকশায় ঘুরতে যাওয়ার প্রস্তাব দিন। রাজি হলে পাঞ্জাবি বা শাড়ি পরে হুডখোলা রিকশায় শহর ঘুরে আসুন বর্ষায় ভিজে ভিজে। দেখবেন, এটাই হয়ে থাকবে জীবনের সেরা রোমাঞ্চ। পকেটে কিছু টাকা হলেই বন্ধুর কাঁধে হাত রেখে বলুন, “চল ব্যাটা, সাজেক যাই। আজই!” ব্যাগ গুছিয়ে রওনা হয়ে যান জীবনের সেরা ট্রিপটা হয়তো এইটাই হবে। “ছাদে বাগান করব” এই স্বপ্নে বসে না থেকে ভাড়া বাসার বারান্দাতেই পছন্দের গাছটা লাগিয়ে ফেলুন। টিউশনির টাকায় কিনে ফেলুন বাবা-মায়ের জন্য একটা সাধারণ শার্ট বা শাড়ি দাম নয়, ভালোবাসাটাই বড় কথা।

মনে রাখবেন, “একদিন সব হবে” ভেবে যারা সবকিছু পরে করে, তাদের জীবনে অনেক কিছুই হয় না। হয় শুধু অপেক্ষা, বিষণ্ণতা আর শেষমেষ একরাশ হতাশা।

সেদিন এক ধনকুবের মারা গেলেন। ভদ্রলোকের বিধবা স্ত্রী ২০০ কোটি টাকার মালিক হয়ে তার মৃত স্বামীর ড্রাইভারকে বিয়ে করে ফেললেন। সদ্য বিবাহিত ড্রাইভার মনে মনে বলল, এতদিন জানতাম আমি আমার মালিকের জন্য কাজ করেছি। এখন দেখি আমার হৃদয়বান মালিকই আমার জন্য শ্রম দিয়ে গেছেন!

যাই হউক এতকিছু বলার অর্থ হল, নায়াগ্রা ফলস দেখার ইচ্ছে ছিল বহুদিনের। এবার সেই ইচ্ছে পূরণের পালা। এই শখ পূরণের জন্য আর একদিনও দেরি করা ঠিক হবে না। সুযোগটি চলে আসলো অবশেষে।

নীল আকাশ, কুয়াশায় মোড়ানো সকালের আলো, আর পেছনে ফেলে আসা শহরের কোলাহল আমাদের নায়াগ্রা যাত্রা শুরু হয়েছিল কোনও এক শনিবার সকালে। চারজন বন্ধু, একটি ছোট রেন্টাল কার, আর অনেক দিনের একটা স্বপ্ন নায়াগ্রা ফলস চোখে দেখা।

আমাদের এই ভ্রমণ ছিল অনেক দিন ধরে পরিকল্পনায়, কিন্তু বারবার সময়ের অভাবে পিছিয়ে গিয়েছিল। অবশেষে, কোনোরকম আনুষ্ঠানিক প্রস্তুতি ছাড়াই এক সকালে বেরিয়ে পড়ি শুধু এই ভেবে, সময় তো আর কারো জন্য অপেক্ষা করে না।

লন্ডন থেকে নায়াগ্রার দূরত্ব খুব বেশি না প্রায় দেড় ঘণ্টার পথ। কিন্তু গাড়িতে বন্ধুদের সাথে যাত্রা কখনোই কেবল ‘গন্তব্যে পৌঁছানো’ হয় না, বরং প্রতিটি মাইলেই কিছু না কিছু জমা হয় স্মৃতির খাতায়।

গাড়ির জানালা দিয়ে দূরের আকাশ, সবুজের মাঝে লুকিয়ে থাকা বাড়ি, মাঝে মাঝে চোখে পড়া আঙুরবাগান সব মিলিয়ে মনে হচ্ছিল, আমরা যেন ধীরে ধীরে শহরের গণ্ডি ছাড়িয়ে প্রকৃতির দিকে এগিয়ে চলেছি।

বন্ধুদের সঙ্গে ছোট ছোট কথা, জীবনের নানা গল্প, হাসি, ক্ষণে ক্ষণে টিম-হরতন শপ-এ বিরতি দেওয়া এসব করে করেই আমরা পৌঁছে যাই সেই জায়গায়, যাকে দেখার জন্য এতদিন ধরে অপেক্ষা করছিলাম।

প্রথম দর্শনে নায়াগ্রা ফলস কিছুটা অবিশ্বাস্য লাগে। বিশাল জলরাশি একসাথে ছুটে পড়ছে গভীর খাদে, তার গর্জন শোনা যায় দূর থেকেই। চোখের সামনে দাঁড়িয়ে থাকা সেই অপার জলধারার সামনে আমরা কয়েক মুহূর্ত চুপচাপ দাঁড়িয়ে থাকি কোনো শব্দ নেই, কোনো কথা নেই শুধু অনুভব।

জলবিন্দুগুলো বাতাসে উড়ছে, আমাদের গায়ে এসে ঠেকছে, যেন প্রকৃতি নিজ হাতে আমাদের ছুঁয়ে দিচ্ছে। এমন এক জায়গায় দাঁড়িয়ে থাকার অনুভূতি ভাষায় বলা যায় না। সেটা কেবল হৃদয়েই জায়গা করে নিতে হয়।

আমরা 'Journey Behind the Falls'-এ গিয়েছিলাম। নীচে নেমে জলপ্রপাতের পেছনে গুহার মত করিডোর দিয়ে হেঁটে যাওয়ার অভিজ্ঞতা নিয়েছিলাম। দেয়ালের ফাঁক দিয়ে যখন জলধারা পড়ে যেতে দেখি, মনে হয় আমরা প্রকৃতির এক অলৌকিক নাট্যশালায় অতিথি।

পরে 'Niagara Parkway' ধরে হাঁটতে হাঁটতে কিছু হালকা খাবার খেয়েছিলাম ফ্রেঞ্চ ফ্রাই, কফি, আর কিছু স্ন্যাকস। শীতল বাতাসে একে অপরের পাশে বসে থাকার সময়টা, জীবনের খুব সাধারণ কিন্তু দামী মুহূর্তগুলোর মধ্যে পড়ে।

আমরা কেউ কারও ফোনে ব্যস্ত ছিলাম না। কেবল প্রকৃতিকে দেখছিলাম, একে অপরের গল্প শুনছিলাম, আর মাঝে মাঝে চুপচাপ চোখ বন্ধ করে শুধু অপার্থিব বাতাসের শব্দ শুনছিলাম, স্পর্শ অনুভব করছিলাম।

নায়াগ্রা ফলসে দাঁড়িয়ে যতক্ষণ ছিলাম, সময় যেন আটকে গিয়েছিল। জলপ্রপাতের কাছে গিয়ে মনে হচ্ছিল প্রতিটি জলকণা যেন আমাদের ভেতরের কোনও গভীর অনুভবকে নাড়িয়ে দিচ্ছে। চারপাশে হাজারো মানুষ, কিন্তু আমার মনে হচ্ছিল আমি একা দাঁড়িয়ে আছি প্রকৃতির সামনে।

একটা মুহূর্ত মনে গেঁথে আছে সুর্যটা হালকা হেলে পড়েছে পশ্চিমে, জলরাশির ওপর পড়া সেই সোনালি রোদের আভা, আর তার ওপরে তৈরি হওয়া এক অপূর্ব রেইনবো। ওই রংধনুটার দিকে তাকিয়ে আমরা সবাই কিছুক্ষণ চুপ করে দাঁড়িয়ে ছিলাম।

কারও মুখে কোনো কথা ছিল না। শুধু তাকিয়ে থাকা আর অদ্ভুত মনভরা এক রোমাঞ্চকর প্রশান্তি।

সেই মুহূর্তে মনে হচ্ছিল, কত ছোট্ট আমরা, আর কত অসীম এই প্রকৃতি। এই ছোট্ট জীবনটাতে কী-ই বা করি আমরা? দৌড়াই, অপেক্ষা করি 'ভবিষ্যতে আনন্দ পাব' এই আশায়। অথচ আসল আনন্দটা ছড়িয়ে আছে এরকমি কিছু ছোট ছোট মুহূর্তে, যেগুলোর জন্য দীর্ঘমেয়াদি পরিকল্পনার দরকার নাই, দরকার শুধু মনখোলা আবেগ আর সময়মতো সিদ্ধান্ত নেওয়ার পরিমিত সাহস।

আমাদের এই ভ্রমণে একটা ব্যাপার খুব স্পষ্টভাবে টের পেয়েছিলাম স্মৃতি তৈরি হয় এভাবেই, কিছুটা অপরিকল্পিতভাবেই, প্রকৃতির মাঝে নিজেদের কয়েকজন প্রিয়জনদের সঙ্গে নিয়ে কখনো কখনো জীবনের সেরা মুহূর্তটা জন্ম নেয় এভাবেই। আগে ভাবতাম, "সময় হলে ঘুরতে যাব", এখন ভাবি, "সময় তো আসবেই না, বরং আমি সময় বানাব।" আজ যদি কিছু না দেখি, না উপভোগ করি, না অনুভব করি কাল হয়তো সুযোগ থাকলেও ইচ্ছেটা থাকবে না। আর জীবন আসলে চলে ইচ্ছার সঙ্গে, ক্যালেন্ডারের সঙ্গে না।

যাত্রা শেষে গাড়িতে ফেরার পালা। নায়াগ্রা ফলস থেকে ফেরার পথে আকাশে হালকা সন্ধ্যা। শহরের আলো দেখতে দেখতে ফিরছিলাম, কিন্তু আমাদের সবার চোখে হয়তো তখন অন্য আলো, অপার্থিব এক প্রশান্তির আলো। সবার ভেতরেই একটা উপলব্ধি ছিল প্রকৃতির এই বিশালতা, এই সুবিশাল জলরাশি আমাদের মানবজীবনের ক্ষুদ্রতা কে কি সুন্দর করে প্রতি মুহূর্তে ধুয়ে মুছে দিচ্ছে এক অপার্থিব ভালবাসা দিয়ে।

একদিন হঠাৎ করে প্ল্যান করে বেরিয়ে পড়েছিলাম, আর ফিরে এলাম এমন কিছু অনুভব নিয়ে, যা আর কোনো ভ্রমণ গাইডে লেখা থাকে না তা কেবল মনে থাকে, সারা জীবনের জন্য। সেই দিনের স্মৃতি এখনও চোখে ভাসে প্রকৃতির সঙ্গে একটা গভীর সংলাপ, বন্ধুত্বের সহজতা, আর সময়ের প্রতি এক নতুন শ্রদ্ধাবোধ।

আমাদের এই ভ্রমণ একটা বড় শিক্ষা দিয়েছিল শখ আর সময় দুটোকেই ধরতে হয় ঠিক সময়ে।

"একদিন নায়াগ্রা যাব" এই স্বপ্নটা যারা দেখছেন, তাদের বলব: আজই দিনটা ঠিক করুন, মানুষগুলো জড়ো করুন, গাড়িতে উঠুন। কারণ জীবন অপেক্ষা করে না। প্রকৃতির সৌন্দর্য,

কানাডার দিনলিপি

হৃদয়ের শান্তি, আর মানুষে মানুষে সম্পর্ক সবই একদিন হারিয়ে যেতে পারে, যদি না আমরা সময় থাকতেই এগুলোকে ছুঁয়ে না দেখি।

কানাডার দিনলিপি

কানাডার শরতের রঙে রাঙানো প্রথম ভালোবাসা

বাংলাদেশ থেকে কানাডায় এসে মাস্টার্স করতে শুরু করেছি কেবল ক'মাস হলো। এক নতুন পৃথিবী ভাষা, মানুষ, আবহাওয়া, খাবার, রাস্তাঘাট সবই নতুন। এই পরিবর্তনের বড় এক অংশ জোরে আছে এই দেশের ঋতু বৈচিত্র্য, কানাডার একটি ঋতু আছে যার নাম "Fall", বা আমাদের মতো করে বললে, শরৎ। কিন্তু এই শরৎ আর আমাদের বাংলার শরৎ এক নয়। এখানে শরৎ মানেই প্রকৃতির এক অভূতপূর্ব রূপান্তর। গ্রীষ্মকাল শেষে যখন পাতাঝরা শুরু হয়, তখন গাছের পাতাগুলো যেন নিজেদের শেষ বিদায় জানাতে রঙের উৎসব শুরু করে।

বাংলাদেশে শরৎ মানে সাদা কাশফুল, নীল আকাশ আর সোনালি আলোয় ভরা দিন। কিন্তু কানাডায় শরৎ মানে এক প্রাকৃতিক বিস্ময়, এক অনিন্দ্যসুন্দর এক্রেলিক রঙের প্যালেট।

লন্ডন শহরেই প্রথম শরতের আসল চেহারা চোখে পড়ে। Thames River-এর ধারে হাঁটতে হাঁটতে দেখি, গাছগুলোর পাতা একেকটা যেন আগুন রঙের। কেমন একটা সোনালি আলোয় ভেসে যাচ্ছি মনে হয়। মনে হচ্ছিল, আমি যেন কোনো ক্যানভাস এর মধ্য দিয়ে হাঁটছি। আমরা কয়েকজন বন্ধু মিলে বিশ্ববিদ্যালয়ের ক্যাম্পাসে ঘুরে ঘুরে ছবি তুলতাম – পাতা কুড়িয়ে হাতে নিয়ে পোজ, পাতা ছুঁড়ে দিয়ে ধরা, কিংবা কেবল হাঁটু গেড়ে বসে ভাবনায় ডুবে থাকা।

প্রথমে আমি "Algonquin" সম্পর্কে শুনি ক্লাসমেট জ্যাক থেকে। সে বলল, "You haven't really seen Canada until you've seen Algonquin in October." আমি একটু হেসে বললাম, "পাতা দেখার জন্য কি এত কষ্ট করে এতো দূর যেতে হয়?" তখনও বুঝিনি, আমি কী অনন্য অভিজ্ঞতা মিস করে ফেলতাম।

আমার দুই সহপাঠী – হাসান আর মিনহাজ – ওরাও এখানে আমার মতই নতুন। আমরা ঠিক করলাম, পড়াশোনার চাপ থাকলেও এখনি একটা শরত-ট্যুর করব। আমাদের ইউনিভার্সিটির কিছু সিনিয়র বলল, "অক্টোবর মাসের ১০ থেকে ২০ তারিখ, বছরের সবচেয়ে ব্যস্ততম সময়। শরতের সব রঙ একসঙ্গে দেখা যাবে।"

রিপন দে

কানাডার দিনলিপি

অবশেষে এক উইকেন্ডে আমরা ৬ জন মিলে রওনা হলাম গন্তব্য: **Algonquin Provincial Park**, অন্টারিওর সবচেয়ে প্রাচীন এবং প্রাকৃতিক এবং শরত রং দেখার দিক থেকে সবচেয়ে বিখ্যাত এক পার্ক। প্রায় ৩৫০ কিলোমিটার পথ রোড ট্রিপ। গাড়ি চলতে চলতে জানালার বাইরে তাকিয়ে দেখি, রাস্তার দুই পাশে যেন আগুন জ্বলছে – কমলা, হলুদ, লাল, বাদামি... একেকটা গাছ একেকটা শিল্পকর্ম। মনে হচ্ছিল, প্রকৃতি যেন নিজেই এক নীরব "Art Exhibition" এর আয়োজন করেছে।

পার্কে পৌঁছে প্রথমেই যে শব্দটা মনে এসেছিল, সেটা হলো "নীরবতা"। কিন্তু এই নীরবতাও একধরনের সঙ্গীত হয়ে কানে বাজছিল। বাতাসে পাতার খসখস শব্দ, মাঝে মাঝে কোনো অজানা পাখির ডাক – এর মাঝেই হাঁটতে থাকি আমরা একটা হাইকিং ট্রেইলে।

প্রকৃতি যেন রূপকথার মতো ছোট ছোট লেক, তার চারপাশে গাছ, আর গাছগুলোর প্রতিবিম্ব পানিতে। আকাশটা ছিল হালকা মেঘলা, মাঝে মাঝে সূর্য উঁকি দিচ্ছে পাতার ফাঁক দিয়ে। এ এক রঙিন স্বর্গীয় নীরবতা চোখে দেখা যায়, মনেও শোনা যায়।

আমরা সবাই এক সময় চুপ হয়ে গিয়েছিলাম। কোনো কথা নয়, শুধু চেয়ে থাকা। আমরা একটা কাঠের বেঞ্চে বসে একটু বিশ্রাম নিচ্ছিলাম। কেউ কফি এনেছে, কেউ স্যান্ডউইচ। হাসান হঠাৎ বলল, "এই প্রথম মনে হচ্ছে আমরা কানাডায় এসেছি। আসল কানাডা, এটাই কানাডার আসল সৌন্দর্য।"

সেই কথাটা যেন আমার বুকেও গেঁথে গেল। নতুন দেশে আসার সবকিছু এত বেশি 'প্র্যাকটিকাল' হয়ে গিয়েছিল – স্টাডি পারমিট, ক্লাস, বাসা খোঁজা, জব খোঁজা... কিন্তু এই প্রথম মনে হচ্ছিল, এই দেশটা শুধু পড়াশোনার জায়গা না – এটা প্রকৃতির সাথে একাত্মতা হওয়ার জায়গা, প্রকৃতিকে অনুভব করার জায়গা, উপলব্ধির জায়গা। প্রকৃতি আমাকে শেখালো রঙেরও ভাষা আছে, নীরবতাও কথা বলে। অবশ্য নায়াগ্রা দেখেও আমাদের এমনি মনে হয়েছিল।

আজও যখন কোন শরতের সকালে জানালা দিয়ে লালপাতা ঝরা দেখি, মনে পড়ে অ্যালগনকুইনের সেই হাইক। মনে হয়, আমি তখন নতুন দেশ, নতুন বন্ধু আর নতুন অনুভবের প্রথম প্রেমে পড়েছিলাম।

কানাডার দিনলিপি

বাংলাদেশের একজন ছাত্র হিসেবে কানাডার প্রথম শরৎ ছিল আমার জন্য শুধু একটি ঋতু নয় এটি ছিল এক ধরণের আত্মিক রঙে রাঙানো উপলব্ধি। যাঁরা কানাডায় নতুন এসেছেন, আমি বলব একবার হলেও Fall Color অনুভব করতে Algonquin Provincial Park এ বের হন। হয়তো আপনি নিজেকেই নতুনভাবে আবিষ্কার করবেন।

কানাডার দিনলিপি

মেঘ ছোঁয়া এক বিকেল CN Tower ভ্রমণ

টরন্টো শহরের নাম শুনলেই চোখে ভেসে ওঠে বিশাল এক টাওয়ারের ছবি CN Tower। অনেকদিন ধরেই ভাবছিলাম, কাছ থেকে দেখব, একদিন উপরে উঠে শহরটাকে একটু অন্যভাবে অনুভব করব। অবশেষে এক ছুটির দিন, নিজের প্রতিজ্ঞা পূরণ করতে আমরা তিনজন বন্ধু রওনা হলাম CN Tower দেখতে।

আমাদের বাসা থেকে, দুই ঘণ্টার বাস জার্নি, মেট্রোতে করে ইউনিয়ন স্টেশন, তারপর সামান্য হাঁটা। দূর থেকেই মাথা তুলে দাঁড়িয়ে থাকা CN Tower যেন বলছিল "চলো, ওপরে এসো, শহরটাকে নতুন চোখে দেখো।"

টাওয়ারের নিচে গিয়ে প্রথমেই চোখ আটকে গেল এর বিশালতা দেখে। মাথা উঁচু করে তাকিয়ে মনে হচ্ছিল, যেন আকাশ ছুঁয়ে আছে। একসাথে অনেক মানুষ লাইন দিচ্ছে, কেউ টিকিট নিচ্ছে, কেউ ছবি তুলছে, কেউবা শুধু তাকিয়ে আছে বিস্ময়ে।

টিকিট কেটে আমরা ঢুকলাম লবিতে। সিকিউরিটি পার করে উঠে পড়লাম সেই বিখ্যাত গ্লাস এলিভেটরে। উঠতে উঠতেই বাইরের দৃশ্য দেখা যায় বিল্ডিংগুলো ছোট হয়ে যাচ্ছে, মানুষগুলো বিন্দুর মতো।

মাত্র ৫৮ সেকেন্ডে পৌঁছে গেলাম LookOut Level যেখানে পৌঁছেই বুকটা হালকা ধক করে উঠলো।

উপরে উঠে পুরো শহরটাকে দেখে মনে হচ্ছিল, আমি যেন কোনো ভিডিও গেমের ক্যামেরা ভিউতে আছি। লেক অন্টারিও ঠিক পাশেই, তার নীল জলরাশি চকচক করছে বিকেলের রোদে। শহরের দালানগুলো নিখুঁত জ্যামিতির মতো সাজানো। গাড়িগুলো মনে হচ্ছিল ছোট ছোট পিঁপড়ের সারি।

কিছুক্ষণ নিঃশব্দে দাঁড়িয়ে ছিলাম কাঁচের জানালায় ঠেস দিয়ে। আমাদের ব্যস্ত ছাত্রজীবন থেকে যেন হঠাৎ একটুকরো প্রশান্তি পেয়ে গিয়েছিলাম।

এরপর যেটা হলো, সেটা ছিল সবচেয়ে রোমাঞ্চকর গ্লাস ফ্লোর। নিচে তাকালেই দেখা যায় ১১৩ তলা নিচের জমিন! প্রথমে পা রাখতে একটু ভয়ই লাগছিল কেমন একটা খালি খালি ভাব।

আমার এক বন্ধু সাহস করে লাফ দিল গ্লাস ফ্লোরের মাঝখানে দাঁড়িয়ে। আমি ধীরে ধীরে পা বাড়ালাম। দাঁড়াতেই মনে হলো, নিচে পড়ে যাচ্ছি! অবশ্যই পড়ছিলাম না, কিন্তু সেই ভয়ার্ত অনুভূতি একবার যিনি অনুভব করেছেন, তিনিই জানেন। ছবি তুললাম, হাঁটলাম, কিছুক্ষণ গ্লাসের ওপর বসেও থাকলাম সত্যিই মনে হচ্ছিল আমি যেন আকাশে ভাসছি।

আমরা পরে উঠেছিলাম **SkyPod** CN Tower-এর সবচেয়ে উঁচু পর্যায়, যেখানে পৌঁছতে লাগে আরেকটা এলিভেটর। এখান থেকে দৃশ্যটা আরও বিস্ময়কর। একপাশে নায়াগ্রা ফলসের দিকের সাদা মেঘ, আরেকপাশে রেললাইন, রাস্তা, লেক সব একসাথে ধরা পড়ছে চোখে।

শহরের আওয়াজ কেমন যেন নিঃশব্দ হয়ে আসে এই উচ্চতায় এসে। মনে হচ্ছিল, আমরা যেন পৃথিবীর কোলাহল থেকে আলাদা এক স্থানে উঠে এসেছি শুধু প্রকৃতি, দিগন্ত আর নিজেকে নিয়ে।

নিচে নেমে CN Tower-এর পাশে বসে এক কাপ কফি খাচ্ছিলাম। সেই সময়টাতে হঠাৎ করে মনটা অনেক হালকা লাগছিল। এতদিন ধরে এই শহরের পাশে থেকেও এমন একটা জায়গা না দেখা এটা একটা অপূর্ণতা ছিল।

আমরা জীবনে সবসময় বড় কিছু করার চিন্তা করি, কিন্তু এই ছোট ছোট মুহূর্তগুলোই আসলে জীবনের সেরা উপহার। একটা টাওয়ারে উঠে পুরো শহরটা দেখে ফেলা সেটা অবশ্যই কোনও ছোট বিষয় নয়!

CN Tower দেখে আসার পর শুধু একটাই কথা মনে হচ্ছিল আমাদের মতো প্রবাসীদের কাছেও এই শহরের প্রতিটি কোণ, প্রতিটি কাঠামো একেকটা নতুন অভিজ্ঞতা।

কিলারনির সবুজের ডাকে একদিন (ক্যাম্পফায়ার)

কখনও কখনও শহরের কোলাহল থেকে দূরে কোথাও চলে যেতে মন চায়। মোবাইল, মেট্রো, মিটিংয়ের বাইরে এমন এক জায়গা যেখানে কেবল পাখির ডাক, পাতার মর্মর, আর নিজের নিঃশ্বাস শোনা যায়। ঠিক এমনটাই খুঁজতে গিয়েছিলাম আমরা কয়েকজন বন্ধু, গন্তব্য ছিল: Killarney Provincial Park

সকাল সকাল টরন্টো থেকে রওনা হয়েছি। ব্যাকপ্যাক, টেন্ট, কিছু স্ন্যাকস আর অফুরন্ত উত্তেজনা নিয়ে গাড়িতে উঠেছি চার বন্ধু। প্রায় ৩.৫ ঘণ্টার ড্রাইভ, রাস্তায় কখনো হাইওয়ে, কখনো ছোট্ট শহর, কখনো ঘন বন।

গাড়িতে চলছিল স্নেহ-মিশ্রিত খোঁচাখুঁচি, পুরোনো গান, আর 'চলে যাওয়া প্রেম' নিয়ে দর্শনশাস্ত্র। কেউ চোখ বন্ধ করে ভাবুক, কেউ জানালার পাশে বসে প্রকৃতি দেখতে দেখতে বলে উঠছে, "ভাই, কানাডার সবুজে একটা অন্য রকম শান্তি আছে।"

পার্কের প্রবেশদ্বারে নামার পর, প্রথম যে জিনিসটা অনুভব করলাম সেটা হলো সুনসান নীরবতা। তবে সেটা বোবা নীরবতা না, বরং শব্দহীন এক সংগীত। গাছের পাতায় হাওয়ার দোলা, দূরের হ্রদের টলমলে জল, মাঝে মাঝে পাখির ডানা ঝাপটানো এসব মিলিয়ে এক মায়াময় পরিবেশ। আমরা আগেই পারমিট কেটে রেখেছিলাম, তাই সরাসরি চলে গেলাম হাইকিং ট্রেইলের দিকে।

আমরা যেটা বেছে নিয়েছিলাম সেটা হলো "Lookout Trail" মোটামুটি মাঝারি কঠিন ট্রেইল, তবে শেষে যে দৃশ্যটা পাওয়া যায়, সেটা দেখে ক্লান্তি ভুলে যাওয়া যায় সহজেই। হাঁটার পথে দেখা মিলল অজস্র বনজ উদ্ভিদের, কাঠবিড়ালির, আর মাটিতে লুকিয়ে থাকা নানা অজানা জীবের। কেউ কেউ বলছিল, "ভাই ভাল্লুক না দেখলে কি আর অ্যালগনকুইনে আসা হলো?" তবে সেদিন আমরা কপালগুণে ভাল্লুক না পেলেও পেলাম মুস (moose) এর হালকা ছাপ, আর একপাশে জলের ধারে হরিণের দলকে।

কানাডার দিনলিপি

ট্রেইলের শেষে একটা পাহাড়ের ওপরে উঠে যখন পুরো পার্কটা নিচে দেখা যাচ্ছিল ঘন বন, ছোট ছোট লেক, আর এক টুকরো নীল আকাশের প্রতিচ্ছবি তখন আমরা সবাই চুপ হয়ে গেলাম কিছুক্ষণ।

ট্রেইল শেষে পার্কিং লটে ফিরে এলাম, তারপর নির্ধারিত ক্যাম্পিং সাইটে। ওখানে আগে থেকেই কিছু কাঠকয়লা, পাথরের ফায়ারপিট ছিল। আমরা নিজেদের মতো করে লাঞ্চ বানালাম স্যান্ডউইচ, ফল আর কফি। ক্যাম্পিং-এর সবচেয়ে মজার দিক হলো, অল্পতেই খুশি হতে শেখা। কফির কাপে বাষ্প উঠছে, সামনে বনজ পরিবেশ, আর পাশে পুরোনো বন্ধু এটাই হয়তো এক ধরনের পরিপূর্ণতা।

সন্ধ্যায় আমরা সবাই হ্রদের পাশে গিয়ে বসে রইলাম। সূর্য ডুবে যাচ্ছে ধীরে ধীরে, জলরাশির ওপর তার কমলা আলো যেন একেকটা সোনার পাতার মতো ভাসছে। দূরে একটা ক্যানো ভেসে যাচ্ছে দুই ক্যানাডিয়ান দম্পতি মৃদু হেসে আমাদের দিকে তাকিয়ে বলে গেল, "Perfect evening, isn't it?"

এক বন্ধু হঠাৎ করে বলে উঠল, "এখন যদি একটা গিটার থাকত!" আমরা হেসে উঠলাম। তবে গিটার না থাকলেও, আমাদের গল্প, স্মৃতি আর প্রকৃতির সান্নিধ্যে সন্ধ্যা যেন গান হয়ে উঠেছিল।

পরদিন সকালে নাশতা করে আবার রওনা দিলাম টরন্টোর পথে। পেছনে পড়ে রইল আমাদের টেন্ট, হাঁটার ছাপ, আর মনভরা প্রশান্তি। রাস্তায় ফিরতে ফিরতে আমরা ভাবছিলাম এই সফরটা আমাদের শুধু প্রকৃতি দেখায়নি, আমাদের নিজেদেরও চিনিয়েছে। এই মুহূর্তগুলোই জীবনের রসদ। ব্যস্ততার ভেতরে একটা ট্যুর, একটা ট্রেইল, একটা ক্যাম্পফায়ার এসবই মানুষকে প্রাণবন্ত রাখে।

Killarney Provincial Park শুধু একটা পার্ক না, এটা একটা আত্মার প্রশান্তি। এটা আমাদের স্মার্টফোন থেকে একটু দূরে টেনে এনে প্রকৃতির কোলে রাখে। বন্ধুদের সাথে একবার যেও, হাইকিং করো, বসে থাকো ঝিলের পাশে, চোখ বন্ধ করে শ্বাস নাও বুঝে যাবে, জীবনের আসল গল্পটা প্রকৃতির মাঝেই লুকিয়ে থাকে।

কানাডার হিম-শুভ্রতার প্রথম স্পর্শ

কানাডায় আসার সময় বন্ধু-স্বজন সবাই বলেছিলেন, "তুই তো বরফে জমে যাবি রে!" আমি তখন হেসে বলেছিলাম, "আমরা কি আর আইসক্রিম নাকি!" ভেতরে ভেতরে তাই একটা কৌতূহলও কাজ করছিল কেমন হয় এই Snow? সাদা, তুলোর মতো, চুপচাপ ঝরে পড়ে ছবি-ভিডিওতে যতই দেখা হোক, বাস্তবে তা দেখার অভিজ্ঞতা নিশ্চয়ই অন্যরকম। বাংলাদেশে তো বরফ শুধু ফ্রিজেই দেখা যায়, আর বাস্তবে কল্পনায়! কিন্তু এখানে, সেই বরফ নিজেই এসে হাজির হয় জানালার ধারে।

অক্টোবরের শেষদিক থেকেই ঠান্ডা অনুভব হচ্ছিল। সকালে ক্লাসে যাওয়ার সময় হালকা ধোঁয়া মুখ দিয়ে বেরিয়ে আসত। একদিন হাসান মজা করে বলল, "দোস্ত, মনে হচ্ছে সিগারেট ছাড়াই স্মোক করছি।" গাছে পাতা নেই, বাতাস যেন ফিসফিস করে বলে – "সে আসছে, একটু ধৈর্য ধর।"

ফেসবুকে কিছু সিনিয়রদের পোস্ট দেখছিলাম – "First snowfall soon!" কেউ কেউ ক্যামেরা বের করে রেডি। আমিও প্রস্তুত, মোবাইল চার্জড, ট্রাইপড রেডি, আর মনটা একদম শিশুর মতো উত্তেজনায় কাঁপছে। সকালে ঘুম ভাঙতেই বাইরের জানালায় একটা অদ্ভুত আলো। পর্দা সরিয়ে দেখি... চোখ ধাঁধানো সাদা চাদরে ঢাকা চারদিক। প্রথমে বুঝতে সময় লেগেছিল – এটা কি কুয়াশা, না কি সত্যিই... বরফ?

আমি স্যান্ডেল গলিয়ে এক দৌড়ে বারান্দায় গিয়ে দাঁড়ালাম। গাছ, রাস্তাঘাট, গাড়ির ছাদ সব জায়গায় সাদা বরফ জমে আছে। নিঃশব্দে ঝরছে বরফ ছোট ছোট তুলোর মতো সাদা ফ্লেক্স, বাতাসে ভেসে ভেসে নামছে। মনে হচ্ছিল, কেউ যেন আকাশ থেকে তুলো ছেঁড়ার খেলায় মেতে উঠেছে।

হাসান, মিনহাজ, রুবেল – সবাই ফোনে, "দোস্ত বাইরে আয়! জীবনের প্রথম Snow!" আমরা সবাই নামলাম বাইরে কেউ মোজা না পরে, কেউ পাজামা পরেই দৌড়ে। বরফে হাঁটলে পা দেবে যায়। ছোটবেলায় টিভিতে দেখা যেত, মানুষ বরফ ছুঁড়ে মারে – আমরা সেটাই করলাম! হাসান একটা বরফের বল বানিয়ে সোজা রুবেলের ঘাড়ে ছুঁড়ে মারল। রুবেলও ছোড়াছুড়ি করল, আর আমি শুধু হাসছিলাম। এ এক অদ্ভুত আনন্দ কোনো কারণ

কানাডার দিনলিপি

ছাড়াই। আমরা বরফের উপর লাফিয়ে, শুয়ে শুয়ে "snow angel" বানালাম। এইসব কাজ হয়তো কানাডিয়ান বাচ্চারা ছোটবেলায় শিখে, কিন্তু আমরা তখন বড় হয়েও ছোট হলাম।

বরফ শুধু ঠান্ডা না, বরফ এক ধরনের নীরবতা নিয়ে আসে। চারপাশে গাড়ি চলে, মানুষ হাঁটে, কিন্তু একটা মৃদু স্তব্ধতা থাকে বাতাসে। শব্দ যেন বরফে ঢেকে যায়। সেই নীরবতা মনকে ছুঁয়ে যায় অন্যভাবে। আমার মনে হয়েছিল এত সুন্দর কিছু এত নীরবে আসে! না কোনো শব্দ, না কোনো ঘোষণা। শুধু এসে চারপাশটা পাল্টে দেয়।

তবে, বরফ মানেই রূপকথা না। একবার পথ পিচ্ছিল হয়ে গিয়ে মিনহাজ সোজা পিছলে পড়ে গেল। ওর মোবাইলও পড়ল, ভাগ্য ভালো কিছু হয়নি। আমরা হেসেই শেষ। এরপর বুঝলাম, শীত মানে শুধু সৌন্দর্য না প্রস্তুতিও দরকার। উইন্টার জ্যাকেট, গ্লাভস, বুট, আইস রিমুভার এসবের নাম আগে শুধু শুনেছি, এখন সেটা প্রতিদিনের বাস্তবতা।

সেই দিন বিকেলে আমরা হিটার ছেড়ে কফি বানিয়ে বসেছিলাম একসাথে। জানালার পাশে বসে চায়ের কাপ হাতে Snow Falling দেখছিলাম। সেই মুহূর্তে মনে হয়েছিল, জীবনে হাজার দুঃখ-চিন্তা থাকুক, কিন্তু এই মুহূর্তটা নিখাদ আনন্দে ভরা। মিনহাজ ধীরে বলে উঠল, "এই বরফগুলো আমার জীবনের প্রথম "snow-touch" অভিজ্ঞতা। কোনোদিনও ভোলার নয়।"

আমি মাথা নেড়ে বলেছিলাম, "এই যে আমাদের আজকের দিনটা, এটা একদিন গল্প হবে... কারও বইয়ে হয়তো!"

সেন্ট অরেটরির ছায়ায় মন্ট্রিয়লে এক আধ্যাত্মিক বিকেল

মন্ট্রিয়ালে যাওয়ার ইচ্ছা অনেক দিনের। কেউ বলে "প্যারিস অফ কানাডা", কেউ বলে "ফ্রেঞ্চ স্পিরিটে ভরা এক আলাদা পৃথিবী।" আমি নিজেও ভাষা, সংস্কৃতি আর ইতিহাসের শহর দেখতে চেয়েছিলাম একটিবার। কিন্তু মন্ট্রিয়ল ভ্রমণের আসল মোহনীয়তা এল যখন গাইডবুকের পাতায় পড়লাম – সেন্ট জোসেফ অরেটরি নামের এক গির্জার কথা, যা শহরের সবচেয়ে উঁচু জায়গায় বসে আছে শত বছর ধরে।

জায়গাটা শুধু আর্কিটেকচার বা ধর্মীয় স্থান হিসেবে নয়, বরং এক ধরণের নিঃশব্দ আত্মস্থতার স্থান – যেখানে দাঁড়িয়ে আপনি আপনার ভেতরের নীরবতাকে শুনতে পারেন।

টরন্টো থেকে বাস এ করে মন্ট্রিয়ল এ ছোট বোনের বাসায় যাওয়ার পথেই শুরু হয়েছিল উত্তেজনা। মোবাইলে চার্চ সম্পর্কে পড়ছিলাম এটি কানাডার সবচেয়ে বড় গির্জা, ১৯০৪ সালে একজন সাধারণ ব্রাদার Saint Brother André Bessette এর হাতে যার সূচনা, এবং আজ তা একটি জাতীয় তীর্থস্থান।

মন্ট্রিয়ালে পৌঁছে মেট্রো ধরে Côte-des-Neiges স্টেশনে নেমে, প্রথমেই পৌঁছে যাই আমার আপন ছোট বোনটির বাসায়। তাদের কে নিয়েই পরেরদিন চলে যাই চার্চটি দেখতে।

পাহাড়ের দিকে মুখ করে হাঁটতেই চার্চের গম্বুজ দূর থেকে দেখা যেতে লাগল সবুজ রঙের সেই বিশাল গম্বুজ যেন আকাশ ছুঁয়ে আছে। পাশে গাছপালা আর পাহাড়ঘেরা শান্ত পরিবেশ। আমি আমার অপরিকল্পনাহিন ভাবে হারিয়ে যাওয়া সময় খুঁজে ফিরছিলাম সেন্ট জোসেফের আধ্যাত্মিক ক্রিসটিও ছায়াতলে।

চার্চে ওঠার পথের সবচেয়ে চমকপ্রদ ব্যাপার হলো সিঁড়ি। প্রায় ২৮৩ ধাপের বিশাল সিঁড়ি, যেটা ধরে মানুষ হাঁটতে হাঁটতে ওপরে উঠে যায়। কিন্তু তার মাঝখানে একটি কাঠের সিঁড়ি আছে সেখানে অনেকে হাঁটেন না, বরং হাঁটু গেড়ে ধীরে ধীরে উপরে ওঠেন। আমি

দেখলাম কিছু বৃদ্ধা, তরুণ-তরুণী, এমনকি কিছু টুরিস্টও গভীর প্রার্থনায় মগ্ন হয়ে একেক ধাপে হাঁটু গেড়ে উঠছেন।

আমার ভিতরটা কেঁপে উঠল। ধর্মভেদে নয়, এই শ্রদ্ধা, এই একাগ্রতা, এই মনোযোগ আমাকে মুগ্ধ করল। আমি হাঁটতে হাঁটতে চার্চের মূল ভবনে পৌঁছলাম। বিশাল এক মার্বেল ফ্লোর, মাথার উপরে ডোম চারদিকে সুরের মতো বাতাস বয়ে যায়। যেন কোনো অদৃশ্য সংগীত বাজছে।

চার্চের ভেতরে গেলে আপনি এক ধরণের ভার অনুভব করবেন শুধু স্থাপত্যের ভার না, এক ধরণের আধ্যাত্মিকভার। মোমবাতির আলো, পাথরের নিঃশব্দতা,এবং প্রার্থনাকারীদের মুখ সবকিছুই মিলে এক ধরণের শান্ত ধ্বনি তৈরি করে।

আমি একপাশে বসে পড়লাম। কোনো প্রার্থনা ছিল না আমার, ছিল না কোনো চাওয়া শুধু একটু চুপ করে বসে থাকা। মনে হচ্ছিল, এই জায়গা আপনাকে কথা বলার নয়, শোনা শেখায়।

চার্চের নিচতলায় রয়েছে Saint Brother André এর সমাধি। ছোটখাটো গড়নের এক ভদ্রলোক, যিনি কখনও পাদ্রীও ছিলেন না, কিন্তু মানুষের প্রার্থনায় সাড়া দিয়ে গেছেন সারা জীবন। বিশ্বাসীরা বলেন, তাঁর হাতেই বহু অলৌকিক ঘটনা ঘটেছে। আমি তাঁর সমাধির সামনে দাঁড়িয়ে অনুভব করছিলাম কী করে একজন মানুষ শুধু বিশ্বাস আর ভালোবাসা দিয়ে এত বড় কিছু তৈরি করতে পারেন?

এটা সত্যি, আমি তখন ট্যুরিস্ট হিসেবে গিয়েছিলাম। কিন্তু বেরিয়ে আসার সময় মনে হচ্ছিল, যেন কোনো তীর্থ করে এলাম। ব্যস্ত শহর, ক্লাসের Assignment, জীবনের দৌড়াদৌড়ি - সবকিছু থেকে অনেক দূরে, আমি একটিবার নিজেকে দেখলাম এক আয়নার মতো জায়গায়।

চার্চ থেকে নিচে নেমে আসার সময় সূর্য ঢলে পড়ছিল। শহরের উপর থেকে তাকিয়ে মন্ট্রিয়ালকে দেখছিলাম পাহাড়ের গা বেয়ে ছড়িয়ে থাকা ছোট-বড় বাড়ি, গাছপালা, দূরে নদী... আর এক পাশে দাঁড়িয়ে ছিলাম আমি বাংলাদেশের ছেলেটি, যে সেদিন অনুভব করেছিল, ভালোবাসা আর আধ্যাত্মিক বিশ্বাসের কোনো ভৌগোলিক সীমানা নেই।

কানাডার দিনলিপি

বেলা শেষে আমার ছোট বোন টিকে নিয়ে তাদের বাসায় ফিরে এলাম।

সেন্ট জোসেফ অরেটরির আমার কাছে শুধু একটি দর্শনীয় স্থান ছিল না এটা ছিল নিজের ভিতর ঢুকে যাওয়ার এক অভিজ্ঞতা। এক সময় মানুষ স্থাপত্য তৈরি করে, কিন্তু কিছু কিছু স্থাপত্য মানুষকে নতুনভাবে গড়তে সাহায্য করে। সেন্ট জোসেফ অরেটরি আমার জন্য ঠিক তেমনই একটি জায়গা। আপনারা যারা মন্ট্রিয়াল যাবেন, অনুরোধ থাকবে এই চার্চটিকে শুধু একখানা ট্যুরিস্ট স্পট ভাববেন না। কিছুক্ষণ চুপ করে বসুন ভেতরে, অনুভব করুন হয়তো আপনার ভেতরের ক্লান্তি গলে যাবে সেই নিঃশব্দ গির্জার আলো-ছায়ার মাঝে।

রাজধানীর চিঠি কানাডার হৃদয়কেন্দ্র অটোয়ায় একদিন

টরন্টো বা মন্ট্রিয়ালের নাম আমরা বাংলাদেশে অনেক শুনি, কিন্তু অটোয়া কানাডার রাজধানী অনেকটা নীরব নায়ক। শহরটি যেন বলে, "আমি গর্জে উঠি না, আমি স্থির হয়ে থাকি।" ঠিক সেই স্থিরতা আর শালীনতার টানেই এক ছুটির দিনে আমি আর আমার দুই প্রিয় বন্ধু রাফি আর নাইম বেরিয়ে পড়েছিলাম অটোয়ার উদ্দেশ্যে বুকভরে দেখব কানাডার কেন্দ্রীয় শহর, ইতিহাসের পাতা আর আধুনিকতার ছায়া মিলেমিশে কেমন এক অভিজ্ঞতা তৈরি করে।

আমরা ভোরবেলা রওনা দিলাম লন্ডন, অন্টারিও থেকে গাড়ি করে প্রায় ছয় ঘণ্টার পথ। চালকের আসনে ছিল রাফি, যার ড্রাইভিংয়ের চেয়ে ওর ব্যাকগ্রাউন্ড সঙ্গীত সিলেকশন বরং বেশি প্রশংসা পেয়েছিল। নাইম আর আমি মাঝে মাঝে গান গাইছিলাম পুরানো বাংলা গান, সাথে কখনো হাসি, কখনো গল্প।

মাঝেমধ্যে রাস্তার পাশে থেমে আমরা ছোট কফিশপ থেকে চা খেলাম, দু-একটা লাফিয়ে নামা ঝর্ণার পাশে দাঁড়ালাম। সেই ছুটির দিনের রোদের মধ্যে আমাদের ভ্রমণ যেন এক moving memory হয়ে উঠেছিল।

অটোয়ায় ঢুকেই আমরা সোজা চলে গেলাম পার্লামেন্ট হিল। বিশাল এক খোলা প্রান্তর, সামনে দাঁড়িয়ে আছে কানাডার ইতিহাসের সাক্ষ্যবাহী ভবনসমূহ। আমি আর নাইম হাঁটছিলাম ধীর পায়ে, আর Rafi ব্যস্ত ছিল ভিন্ন ভিন্ন অ্যাঙ্গেল থেকে DSLR দিয়ে ছবি তুলতে ওর শখটা যেন একটু বেশিই নেশায় পরিণত হয়েছে!

সেন্ট্রাল ব্লক এর সামনে দাঁড়িয়ে আমরা তিনজনই মুগ্ধ হয়ে দেখছিলাম সেই বিখ্যাত "পিচ টাওয়ার"। উপরে উঠে পুরো অটোয়া শহরকে দেখার সুযোগ পেয়েছিলাম, যেখানে নদী, পাহাড়, শহর সব একসাথে ছড়িয়ে আছে।

নাইম বলেছিল, "এই জায়গাটা শান্ত ঠিক যেন কোনো মনস্তাত্ত্বিক মেডিটেশনের মতো।" আমি মনে মনে ভাবছিলাম ও ভুল বলছে না।

কানাডার দিনলিপি

পার্লামেন্ট হিল থেকে আমরা হেঁটে গেলাম "রিডো ক্যানাল" এর ধারে। গ্রীষ্মকালীন বাতাসে পানির পাশে বসে ছিলাম কিছুক্ষণ রাফি একটু সরে গিয়ে স্কেচ করছিল তার ড্রইং প্যাডে, আর আমি আর নাইম গাছতলায় বসে আলাপ করছিলাম জীবন নিয়ে। নদীর পানি যেন একটা শান্ত গানের মতো বাজছিল, যার প্রতিধ্বনি আমরা নিজেদের মধ্যে খুঁজছিলাম।

দুপুরে খেতে গেলাম বাইওয়ার্ড মার্কেট এ। বাজারটা যেন রঙে, গন্ধে, মানুষের মুখে একটা জীবন্ত শহর। রাফি খুঁজে বের করল বিভার টেইলস, আর ওর মুখভঙ্গি দেখে বুঝেছিলাম ও মুগ্ধ।

নাইম মজার ছলে বলল, "যদি বাংলাদেশে এই বিভার টেইলস শুরু করি, তো ভাই ব্যবসা চলবেই।" আমি হেসে বলেছিলাম, "তবে নাম রাখতে হবে 'ভোঁদড়ের রুটি'।" আমাদের হাসির সেই মুহূর্তটা আজও মনের ক্যামেরায় ঝকঝকে আছে।

গাছের পাতারা তখন হলুদ-কমলা রঙে নিজেকে সাজিয়েছে, হালকা ঠান্ডা বাতাসে শহরটাও যেন এক গভীর ভাবনায় ডুবে। ঠিক এমন এক মুহূর্তে আমরা প্রথমবারের মতো দাঁড়ালাম ন্যাশনাল ওয়ার মেমোরিয়াল-এর সামনে। সামনে কানাডিয়ান পতাকা উড়ছে, আর জ্বলছে "নামহীন শহীদের সমাধি" এর শিখা। এই স্মৃতি স্তম্ভটির স্থাপনই একটি ইতিহাস। এটি নির্মাণ করা হয়েছিল মূলত প্রথম মহাযুদ্ধ (১৯১৪-১৯১৮) এ কানাডিয়ান সৈনিকদের আত্মত্যাগের স্মরণে। কিন্তু পরবর্তীতে দ্বিতীয় মহাযুদ্ধ, কোরিয়া যুদ্ধ, আফগান যুদ্ধসহ কানাডার অংশগ্রহণকৃত সব যুদ্ধেই যারা প্রাণ দিয়েছেন, তাদের সম্মানে এই স্মৃতিস্তম্ভটি উৎসর্গ করা হয়। এটি সাধারণত "দ্য রেসপনস নামেও পরিচিত যুদ্ধের ডাক শুনে যারা এগিয়ে গিয়েছিল, তাদের চিরন্তন প্রতিক্রিয়া এই স্তম্ভের ভাস্কর্যে গাঁথা। তিনজনেই কিছুক্ষণ নীরব ছিলাম। রাফি পকেট থেকে একটা ছোট নোটবুক বের করে লিখছিল, নাইম চোখ বুজে দাঁড়িয়েছিল – ওর বাবার সেনাবাহিনীতে কাজ করার অভিজ্ঞতা ওকে হয়তো ছুঁয়ে যাচ্ছিল। আমি দাঁড়িয়ে ভাবছিলাম, কানাডা হোক বা বাংলাদেশ একটা জাতির আত্মপরিচয় গড়ে ওঠে তার ত্যাগ, স্মৃতি আর নীরব শ্রদ্ধা দিয়ে।

স্তম্ভের উপরের দিকটায় দেখা যায় একটি বিশাল শিলাময় ধ্বজাধারী গেট, যার নিচ দিয়ে অগ্রসর হচ্ছে ২২ জন সৈনিক ও চিকিৎসাকর্মী নার্স, পদাতিক, আর্টিলারি, নাবিক, পাইলট, এমনকি বন্দুক কাঁধে নারীদের উপস্থিতিও। যেন প্রতীক হয়ে দাঁড়িয়ে আছে

কানাডার দিনলিপি

একটি জাতির মিলিত সাহস ও আত্মত্যাগ। আমার চোখ আটকে গেল স্মৃতিস্তম্ভের পাদদেশে সদ্য ফেলা কিছু লাল পপিফুলের (পপি ফুল) উপর। পপি ফুল এখানে এক গাঢ় প্রতীক যুদ্ধাহত আত্মত্যাগ, রক্তক্ষয় এবং জাতীয় শোককে প্রকাশ করার এক নিঃশব্দ ভাষা।

প্রতিদিন অটোয়ার নাগরিক কিংবা দূরদূরান্ত থেকে আসা পর্যটকেরা এখানে এসে কিছুক্ষণের জন্য থেমে দাঁড়ান। কেউ কেউ মাথা নিচু করে থাকেন, কেউ চুপিচুপি প্রার্থনা করেন, আবার কেউ মোবাইলে ছবি তুলে সেই মুহূর্তকে ধরে রাখতে চান। কিন্তু আশ্চর্যের বিষয় হলো, এখানে দাঁড়ালে যেন সময় থেমে যায়, যেন শত শত আত্মার নিঃশব্দ চিৎকার চারপাশে প্রতিধ্বনিত হচ্ছে, আমরা দিয়েছি জীবন, যেন তোমরা পেতে পারো স্বাধীনতা। আমি কিছুক্ষণ চুপ করে তাকিয়ে ছিলাম স্তম্ভটির দিকে। আমার মনেই হচ্ছিল আজকের এই নিরাপদ, স্বাধীন কানাডা কেবল সভ্যতা, প্রযুক্তি আর গণতন্ত্রের গল্প নয়, বরং বহু নামহীন তরুণের রক্ত ও শপথের ফল। যারা দেশের জন্য প্রাণ দিলেও কখনো সংবাদ শিরোনামে আসেনি।

সন্ধ্যার আলো গাঢ় হতে হতে স্মৃতিস্তম্ভটি তখন আরও solemn (গম্ভীর) হয়ে উঠল। সামনের চিরজাগ্রত সেনা ("নামহীন শহীদের সমাধি") একজন নামহীন সৈনিকের কবর যেন চোখের সামনে আরও জীবন্ত হয়ে উঠল। তার নিঃশব্দ অস্তিত্ব আমাকে মনে করিয়ে দিল, একটি জাতির শ্রেষ্ঠ গল্পগুলো কখনো-কখনো মাটি ও পাথরের নিঃশব্দ ভাষাতেই লেখা থাকে।

এক অনিন্দ্যসুন্দর অনুভূতি নিয়ে বাসায় ফিরে আসলাম আমরা সবাই। সেদিন রাতে হোটেলের বারান্দায় দাঁড়িয়ে আমি, রাফি আর নাইম আকাশের তারা দেখছিলাম। কেউ কোনো কথা বলছিল না কারণ কখনও কখনও বন্ধুত্ব আর অনুভব শব্দ ছাড়াও প্রতিভাত হয়।

ব্রুস পেনিনসুলা: স্বর্গের ছোঁয়া

স্থান: টোবারমোরি, অন্টারিও | সময়: গ্রীষ্মকাল, ২০১৪

কানাডার প্রকৃতি যেন এক বিশাল ক্যানভাস প্রতিটি কোণে, প্রতিটি ঋতুতে রঙ বদলায়, আবহ বদলায়, কিন্তু বিস্ময় কখনো ফুরায় না। এরই এক অনন্য নিদর্শন "ব্রুস পেনিনসুলা ন্যাশনাল পার্ক"। নামটা প্রথম শুনেছিলাম আমার সহপাঠী জনাথন-এর মুখে। সে একদিন বলেছিল,

"যদি মনে হয় গ্রিস বা নরওয়েতে যেতে চাও, অথচ অন্টারিওতেই থেকে যেতে চাও তাহলে চলে যাও ব্রুসে।"

কথাটা তখন কৌতূহল জাগালেও বুঝিনি আসলেই সে কী বলছে। সেই কৌতূহলই আমাদের চার বন্ধুকে আমি, আহমেদ, আবির আর ফারহান এই গ্রীষ্মে অন্য কোনো জায়গা নয়, ঠিক ব্রুস পেনিনসুলার দিকে টেনে নিল।

সকাল ৭টা। লন্ডন শহর থেকে গাড়ি নিয়ে রওনা হলাম টোবারমোরির উদ্দেশ্যে, যা ব্রুস পেনিনসুলার উত্তর প্রান্তে অবস্থিত। পথের দুই পাশে সবুজ বন, ছোট ছোট শহর আর রূপালি হ্রদ যেন আমাদের স্বাগত জানাচ্ছিল। প্রায় সাড়ে তিন ঘণ্টার পথ, কিন্তু একটুও ক্লান্তি লাগেনি। গাড়ির মিউজিক প্লেয়ারে বাজছিল "গানে গানে সকাল", আর আমাদের গলায় চলছিল অফুরন্ত গানের সুর যেন চলন্ত গাড়িটাই হয়ে উঠেছিল একটি ভ্রাম্যমাণ কনসার্ট।

ব্রুস পেনিনসুলায় পৌঁছেই আমরা প্রথমে গেলাম "গ্রোত্তু" নামক জায়গায়। এটি একটি প্রাকৃতিক পাথরের গুহা, যেখানে সূর্যের আলো গুহার ভেতর দিয়ে পড়ে স্বচ্ছ নীল পানিতে প্রতিফলিত হয়ে এক অপার্থিব সৌন্দর্য তৈরি করে। আমরা

কানাডার দিনলিপি

হেঁটে চলেছিলাম জর্জিয়ান উপসাগর পথ ধরে দু'পাশে পাথুরে খাড়া প্রাকৃতিক দেওয়াল, আর নিচে স্ফটিক স্বচ্ছ গাঢ় নীল জল।

নীচে নামা ছিল বেশ ঝুঁকিপূর্ণ, কারণ পাথরের গায়ে গায়ে পা ফেলে সাবধানে নামতে হয়। কিন্তু যখন আমরা নিচে নামলাম, আর দেখলাম সূর্যের আলো গুহার ভেতর দিয়ে নীল পানিকে রূপ দিয়েছে স্বর্ণাভ ঝলকানিতে তখন মনে হলো, এ কি বাস্তব? না কি আমি কোনো রূপকথার দ্বীপে এসে পড়েছি?

আমরা তাঁবু খাটালাম সাইপ্রাস লেক শিবিরস্থলে। সন্ধ্যায় হালকা বারবিকিউ, পেঁয়াজু আর বিস্কুটে চলল আড্ডা। আবির হাতে গিটার তুলে নিয়ে গাইছিল

"পথে যেতে যেতে যেন জীবনটা গল্প হয়ে যায়..."

তারপর ধীরে ধীরে সবাই ঘুমিয়ে পড়ল। আমি একা বের হয়ে পড়লাম একটু হাঁটতে। মাথার উপর তারাভরা আকাশ, চারপাশ নিস্তব্ধ কোনো গাড়ির শব্দ নেই, নেই কোনো শহরের কোলাহল। মনে হচ্ছিল আমি যেন কোনো অচেনা গ্রহে দাঁড়িয়ে আছি। শুধু প্রকৃতি আর আমি।

ব্রুস পেনিনসুলা যেখানে কানাডার মধ্যেই খুঁজে পেয়েছি ইউরোপের সৌন্দর্য, প্রাচীন পাহাড়ি নিসর্গের ঋদ্ধতা, আর আমাদের নিজেদের ভেতরের প্রশান্তি। জনাথন ঠিকই বলেছিল এ যেন অন্টারিওতেই থেকে ইউরোপ ভ্রমণ।

কানাডার দিনলিপি

ভ্যাঙ্কুভার ডায়েরি: কনফারেন্স আর এক সমুদ্র ঘেরা শহর

২০১২ সালের গ্রীষ্মকাল। আমি ভ্যাঙ্কুভারে যাচ্ছি একটি আন্তর্জাতিক ন্যানোপ্রযুক্তি সম্মেলনে যোগ দিতে কয়েক মাস ধরেই প্রস্তুতি নিচ্ছিলাম। ভ্যাঙ্কুভারে নামার পর প্রথম যে বিষয়টি আমাকে মুগ্ধ করল, তা হলো শহরের প্রকৃতি আর শহুরে সৌন্দর্যের এক অপূর্ব সহাবস্থান। একদিকে আধুনিক আকাশচুম্বী ভবন, আরেকদিকে বরফে ঢাকা পাহাড়, নীল সমুদ্র আর সবুজ বন এ যেন প্রকৃতি আর প্রযুক্তির এক অনিন্দ্যসুন্দর সহবাস।

সম্মেলনটি অনুষ্ঠিত হচ্ছিল ভ্যাঙ্কুভার সম্মেলন কেন্দ্র-এ সমুদ্রের একেবারে ধারে, বন্দরের সামনে। কাঁচে মোড়ানো ভবনটি যেন পানিতে ভেসে থাকা এক আধুনিক গবেষণাগার। প্রতিদিন সকালবেলা প্রবেশ করতাম আলো ঝলমলে প্রবেশদ্বারে, যেখানে বিশ্বের নানা প্রান্ত থেকে আসা বিজ্ঞানীরা জড়ো হয়েছেন ন্যানো উপাদান, জৈব সংবেদক, আলোকচালিত চিপ এবং পরিবেশবান্ধব ন্যানোপ্রযুক্তি নিয়ে আলোচনা করতে।

একটি উপস্থাপনায় ন্যানো-প্রস্তুতকারক গবেষণাগারের কার্বন-নেতিবাচক প্রক্রিয়া নিয়ে চমৎকার আলোচনা শুনে আমি নিজেও ভাবছিলাম কীভাবে এই নতুন পদ্ধতিগুলো আমাদের পরীক্ষাগারে কাজে লাগানো যায়। মধ্যাহ্নভোজের বিরতিতে আমি পরিচিত হলাম কয়েকজন জাপানি ও জার্মান গবেষকের সঙ্গে আমাদের আলোচনাগুলো ছড়িয়ে পড়ল গবেষণার গণ্ডি ছাড়িয়ে সম্মেলন থেকে স্থানীয় চায়ের দোকানগুলোতেও।

বিখ্যাত স্ট্যানলি পার্ক

প্রথম বিকেলেই আমি বের হয়ে পড়লাম স্ট্যানলি উদ্যানের দিকে। এটা এক বিস্তীর্ণ প্রাকৃতিক স্বর্গ। ৯ কিলোমিটার দীর্ঘ সমুদ্রপ্রাচীর ধরে হেঁটে বা সাইকেল চালিয়ে আপনি

ঘুরে দেখতে পারেন সমুদ্র, বন, শহর ও পাহাড় সব একসঙ্গে। আমি সাইকেল ভাড়া নিয়ে ঘুরে ঘুরে দেখলাম টোটেম খুঁটি, বিবার হ্রদ এবং তৃতীয় সৈকত, যেখানে সূর্যাস্তটা ছিল একেবারে হৃদয় ছুঁয়ে যাওয়া।

গ্রানভিল দ্বীপ: শিল্প, খাবার আর সৃজনশীলতা

পরদিন সকালে আমি গেলাম গ্রানভিল দ্বীপ একটি ছোট্ট শিল্পভিত্তিক এলাকা, যেখানে আছে জনসাধারণের বাজার, স্থানীয় কারিগরের দোকান, ছোট গ্যালারি আর সরাসরি পরিবেশনা। আমি প্রাতঃরাশ করলাম একটি স্থানীয় বেকারিতে সোনালি কুঁচকানো পাউরুটি আর টাটকা বেলজিয়াম কফি দিয়ে। পাশেই একজন বেহালা বাজাচ্ছিলেন, আর কিছু দূরে এক চিত্রশিল্পী ক্যানভাসে আঁকছিলেন গ্রানভিল দ্বীপের দৃশ্য।

ক্যাপিলানো ঝুলন্ত সেতু এবং লিন ক্যানিয়ন

পরেরদিন বিকেলে আমি গেলাম ক্যাপিলানো ঝুলন্ত সেতু উদ্যান সেখানে সেই বিখ্যাত দুলতে থাকা ঝুলন্ত সেতু পার হলাম, যা সবুজ গহীন জঙ্গলের ভেতর দিয়ে বয়ে যাওয়া নদীর ওপর ঝুলে আছে। পরে আরও নিরিবিলি আর কম ভিড়ের জন্য গেলাম লিন ক্যানিয়ন উদ্যানে। ঝরনা, ঝরঝরে বাতাস, আর পাখির ডাক প্রকৃতির এমন কোল ঘেঁষে দাঁড়ালে মনের ভিতরটা কেমন যেন শান্ত হয়ে যায়। আসার পথে দেখে নিলাম ব্রিটিশ কলম্বিয়া বিশ্ববিদ্যালয়ের নৃবিজ্ঞান জাদুঘর। প্রথম জাতির (আদিবাসী) শিল্পকলা, টোটেম কাঠের খোদাই আর ইতিহাস দেখে আমি অভিভূত। এমন গভীরতা, এমন মানবিকতা আমার মনে হলো, আমাদের প্রযুক্তিগত অগ্রগতির পাশাপাশি সাংস্কৃতিক ঐতিহ্যকে বুঝে রাখা জরুরি।

গ্যাস্টাউন, রোবসন সড়ক, আর শহুরে সন্ধ্যা

সন্ধ্যাগুলো কাটিয়েছি গ্যাস্টাউনের ইটবিছানো রাস্তায় হাঁটতে হাঁটতে। বিখ্যাত বাষ্পচালিত ঘড়ির পাশে দাঁড়িয়ে চা খাচ্ছিলাম আর দেখছিলাম চারপাশের ছায়াযুক্ত ছাউনির নিচে আলোকিত চায়ের দোকানগুলো। রোবসন সড়কে কেনাকাটা আর ইংরেজ উপসাগরে

কানাডার দিনলিপি

হালকা বাতাসে হাঁটাহাঁটি এই শহরের প্রতিটি প্রান্তেই যেন কিছু না কিছু চমক লুকিয়ে আছে।

শেষ দিন সকালে, সম্মেলনের সমাপনী অধিবেশন শেষে বন্দরের ধারে দাঁড়িয়ে সমুদ্রের দিকে তাকিয়ে থাকলাম। মন ভরে গেছে নতুন অভিজ্ঞতা আর ভ্যাঙ্কুভারের সৌন্দর্যে।

কানাডার দিনলিপি

কানাডা-বাংলাদেশ: সম্পর্ক

১৯৭১। পৃথিবী এক ঐতিহাসিক ঘটনা দেখেছিল বাংলাদেশের স্বাধীনতা যুদ্ধ। যেদিন বাংলাদেশ নতুন একটি রাষ্ট্র হিসেবে জন্ম নেয়, কানাডা তার পাশে দাঁড়ায়। যখন অনেক দেশ সিদ্ধান্ত নিতে পারছিল না, তখন কানাডা মানবতার পক্ষে দাঁড়িয়ে বাংলাদেশের স্বাধীনতা স্বীকৃতির জন্য আহ্বান জানায়। এই মুহূর্তটি ছিল দুই দেশের সম্পর্কের শুরু, যা মানবাধিকার, গণতন্ত্র, স্বাধীনতা এবং ন্যায়বিচারের প্রতি আনুগত্যের চিহ্ন। সময়ের সাথে সাথে, কানাডা-বাংলাদেশ সম্পর্ক আরো গভীর হতে থাকে, এবং কানাডায় আসতে শুরু করে বাংলাদেশি সম্প্রদায়ের সদস্যরা। টরন্টো, ভ্যাঙ্কুভার, মন্ট্রিয়াল এগুলোতে ছোট কিন্তু প্রাণবন্ত বাংলাদেশি সম্প্রদায় গড়ে ওঠে, যারা কানাডা ও বাংলাদেশের মাঝে এক গুরুত্বপূর্ণ সেতুবন্ধন রচনা করে।

৯০ এর দশক এবং ২০০০ এর দশকের মধ্যে, কানাডা-বাংলাদেশ সম্পর্ক আরও পাকাপোক্ত হয়ে ওঠে। কিন্তু কেবল কূটনীতি নয়, বাংলাদেশের মানুষ কানাডার গণতান্ত্রিক মূল্যবোধ এবং বহুত্ববাদী সমাজের প্রতি এক গভীর শ্রদ্ধা পোষণ করতে শুরু করে। অনেক বাংলাদেশি কানাডা আসতে শুরু করেছিল, নতুন সুযোগের জন্য, তাদের জীবনের উন্নতির জন্য। এবং কানাডা, তার বহুত্ববাদী পরিবেশে তাদের স্বাগত জানিয়ে সহযোগিতার পরিবেশ তৈরি করে।

এমন একজন, আমিনুল ইসলাম, ঢাকার এক যুবক, তার যাত্রার গল্প বলতে গিয়ে বলেন: "কানাডায় এসে আমি শুধু প্রকৃতি বা অবকাঠামো দেখিনি, দেখেছি মানুষে মানুষে সম্পর্ক, যেটা আমি কখনো বাংলাদেশের শহরে দেখিনি। এখানে মানুষ একে অপরকে সম্মান করে, সহানুভূতি দিয়ে একে অপরকে সাহায্য করে।"

আমিনুলের মতো অনেকেই কানাডাতে একটি নতুন জীবন শুরু করে, এবং তারা দুই দেশের মধ্যে আরও দৃঢ় সম্পর্ক গড়ে তোলার জন্য কাজ করছে। আজকের দিনে, কানাডায় বাংলাদেশি জনগণের সংখ্যা প্রায় ৩,০০,০০০-এরও বেশি, যারা বিভিন্ন ক্ষেত্রে ব্যবসা, শিক্ষা, সংস্কৃতি অত্যন্ত গুরুত্বপূর্ণ অবদান রেখে চলেছে।

কানাডার দিনলিপি

কানাডা ও বাংলাদেশের মধ্যে বাণিজ্য সম্পর্কও বৃদ্ধি পেতে থাকে। কানাডা বাংলাদেশের তৈরি পোশাক (RMG) শিল্পের অন্যতম বড় বাজার হয়ে ওঠে, যার ফলে বাংলাদেশে হাজার হাজার নতুন কর্মসংস্থান সৃষ্টি হয়। একই সঙ্গে কানাডার ব্যবসায়িক প্রতিষ্ঠানগুলিও লাভবান হয়।

কিন্তু সম্পর্ক শুধু বাণিজ্যিক নয়, সাংস্কৃতিক সম্পর্কেও অনেক কিছু গড়ে ওঠে। বাংলাদেশের স্বাধীনতা দিবস কানাডায় উদযাপন করা হয়, যেখানে দুই দেশের নাগরিকরা একত্রে আসেন, এবং বাংলাদেশের ঐতিহ্যপূর্ণ খাবার, নৃত্য, গান, এবং আধ্যাত্মিকতার উদযাপন হয়। বাংলাদেশের পহেলা বৈশাখ এখন কানাডার বিভিন্ন শহরে উদযাপিত হয়, যেখানে সকল সম্প্রদায়ের মানুষ একত্রিত হয় এবং বাংলা সংস্কৃতির প্রতি শ্রদ্ধা জানায়।

আজও টরন্টো পিয়ারসন আন্তর্জাতিক বিমানবন্দর বা ভ্যাঙ্কুভার আন্তর্জাতিক বিমানবন্দর-এ এসে কোনো নতুন বাংলাদেশি অভিবাসী যদি হাসিমুখে কানাডায় পা রাখে, তবে তারা জানে, এখানকার মানুষ তাদের পাশে রয়েছে।

কানাডা-বাংলাদেশ সম্পর্ক আসা রাখি ভবিষ্যতে আরও সমৃদ্ধ হবে, এবং এটি দুই দেশের জন্য একটি শক্তিশালী ভিত্তি হিসেবে কাজ করবে। কারণ একে অপরকে বোঝার, শ্রদ্ধা করার, এবং একসাথে কাজ করার এই বন্ধুত্ব বিশ্বকেও দেখিয়ে দেয় কিভাবে একে অপরের সাথে ভালোবাসা ও সহযোগিতায় নতুন দিগন্ত তৈরি করা যায়।

কানাডার দিনলিপি

মাটির নিচে চাপা থাকা নিষ্পাপ শিশুদের আর্তনাদ

ব্রিটিশ কলম্বিয়া, কানাডার সর্ব পশ্চিম প্রান্তে অবস্থিত এক স্বর্গীয় প্রদেশ, যা বিশ্বের অন্যতম সুন্দর প্রদেশ হিসেবে পরিচিত। প্রাকৃতিক সৌন্দর্যের পাশাপাশি, এই রাজ্যটি নানা দিক দিয়ে ইতিহাসের এক অন্ধকার অধ্যায় বহন করে, যা আজও হৃদয়বিদারক হয়ে দাঁড়িয়েছে। এই প্রদেশের নামটি আগে "Beautiful British Columbia" ছিল, কিন্তু এই নামের পেছনে যে এক দুর্দান্ত প্রকৃতি এবং এক অন্ধকার ইতিহাস লুকিয়ে আছে, তা এখন পরিষ্কারভাবে জানা গেছে।

গত বছর যখন আমি ব্রিটিশ কলম্বিয়ায় বসবাস শুরু করি, প্রদেশটির অপরূপ সৌন্দর্য আমাকে মুগ্ধ করেছিল। তবে, গত বৃহস্পতিবার যখন আমি জানতে পারলাম, কানাডার একটি পুরনো আদিবাসী স্কুলে গণকবরের সন্ধান পাওয়া গেছে, তখন আমি হতবাক হয়ে পড়ি। স্থানীয় একটি আদিবাসী সংগঠন এই গণকবরটি রাডারের সাহায্যে শনাক্ত করে, যেখানে ২১৫টি শিশুর দেহাবশেষ পাওয়া গেছে। এই ঘটনাটি সত্যিই শোকাবহ এবং অবিশ্বাস্য। এটা প্রমাণ করে যে, এত বছর পরেও আমরা যে ইতিহাসের অন্ধকার দিকগুলো জানি না, তা আমাদের অবাক করে দেয়।

কানাডার আদিবাসী শিশুদের প্রতি অমানবিক আচরণ

আঠারো শতকের শেষ এবং উনিশ শতকের শুরুতে, ইউরোপীয়রা কানাডায় আসতে শুরু করেছিল। তারা ক্রমশ উপনিবেশ গড়ে তুলতে থাকলেও, স্থানীয় আদিবাসী জনগণের সাথে সংঘাত শুরু হয়েছিল। তখনই এই আদিবাসী জনগণকে "সভ্য" করার লক্ষ্যে একটি ভয়াবহ প্রক্রিয়া শুরু হয়। ক্যাথলিক খ্রিষ্টান মিশনারিরা, কানাডা সরকার অনুমতি নিয়ে, আদিবাসী শিশুদের তাদের পরিবার থেকে আলাদা করে আবাসিক স্কুলে ভর্তি করানো শুরু করেন। ১৮৫৭ সালে "অ্যাবোরিজিনাল স্কুল" প্রতিষ্ঠিত হওয়ার পর থেকে এই প্রক্রিয়া শুরু হয়।

এই স্কুলগুলোর উদ্দেশ্য ছিল, আদিবাসী শিশুদের খ্রিষ্টধর্মে ধর্মান্তরিত করা এবং ইউরোপীয় সংস্কৃতিতে ঢেলে সাজানো। কিন্তু বাস্তবে, এই স্কুলগুলো ছিল অত্যাচারের কেন্দ্র। এই

শিশুদের উপর শারীরিক ও যৌন নির্যাতন করা হতো। তাঁদের বাধ্য করা হত, নিজের ভাষা, সংস্কৃতি, এবং ধর্ম ত্যাগ করে, নতুন সংস্কৃতি গ্রহণ করতে।

কামলুপস আবাসিক স্কুল এবং গণকবর

কানাডার ব্রিটিশ কলম্বিয়ায় কামলুপস আবাসিক স্কুল ছিল সবচেয়ে বড় এবং সবচেয়ে ভয়াবহ একটি প্রতিষ্ঠান। এখানে ১৮৯০ সালের দিকে প্রায় ৫০ বছরের বেশি সময় ধরে আদিবাসী শিশুদের রাখা হতো। স্কুলের মধ্যে এসব শিশুদের নৃশংসভাবে শারীরিক ও মানসিক নির্যাতন করা হত। তাঁদের শিক্ষা দেওয়া হত শুধু ইউরোপীয় ধাঁচের, এবং প্রতিনিয়ত ধর্মীয় তত্ত্বে তাদের পরিবর্তন আনা হত। স্কুলটির কর্তৃপক্ষ কখনোই এই শিশুদের মৃত্যু ও নিখোঁজ হওয়ার ঘটনা রেকর্ড করেনি। তবে, সম্প্রতি রাডার প্রযুক্তির মাধ্যমে এই স্কুলের মধ্যে একটি গণকবরের সন্ধান পাওয়া যায়। সেখানে ২১৫টি শিশুর দেহাবশেষ পাওয়া যায়।

এখন, এই ঘটনা কানাডার ইতিহাসের এক অন্ধকার অধ্যায় হিসেবে চিহ্নিত হয়েছে। এর আগে, এই গণকবর এবং শিশুদের মৃত্যু কোনোভাবে প্রকাশ পায়নি। এটি এখন একটি বড় রহস্য হয়ে দাঁড়িয়েছে, কেন কর্তৃপক্ষ এতগুলো শিশুর মৃত্যুর ঘটনা চেপে রেখেছিল এবং কেন এই তথ্য সাধারণ জনগণের কাছে পৌঁছানোর অনুমতি দেওয়া হয়নি।

আমার নিজের অভিজ্ঞতা: কামলুপস স্কুল ভ্রমণ

আমি সম্প্রতি আমার ছয় বছরের সন্তানকে নিয়ে কাম লুপস আবাসিক স্কুলটি পরিদর্শন করি। এটি একটি জীবন্ত স্মৃতি হিসেবে আমাদের পরিবারে রয়ে যাবে। স্কুলটির মধ্যে প্রবেশ করার পর, আমি অনুভব করলাম যেন আমি এক অনন্য অনুভূতির মধ্যে আছি। সেই পুরনো জায়গাগুলোতে পা রাখার সঙ্গে সঙ্গে আমি অনুভব করলাম ইতিহাসের গভীর শোক ও বেদনাকে। আমার ছেলের সাথে সেখানে দাঁড়িয়ে থাকা, এবং তার ছোট ছোট প্রশ্নের উত্তর দিতে গিয়ে, আমি বুঝতে পারলাম, ইতিহাসের এই অন্ধকার অধ্যায় আমাদের ভবিষ্যত প্রজন্মের কাছে কতটা গুরুত্বপূর্ণ। আমার ছেলে, যিনি হয়তো সেইসব ঘটনাগুলি পুরোপুরি বুঝতে পারবে না, তাও তার চোখে সেই জায়গার চুপচাপ শূন্যতা এবং এক গভীর দুঃখ ছিল।

কানাডার দিনলিপি

এটি এমন একটি মুহূর্ত ছিল যা আমি কখনো ভুলব না। আমার ছেলে নিশ্চয়ই পরবর্তীতে এই ঘটনাগুলি নিয়ে জানবে এবং বুঝবে, কিন্তু সেই মুহূর্তে আমি অনুভব করলাম, ইতিহাস শুধু পুস্তক বা পাঠ্যসূচির মধ্যে সীমাবদ্ধ নয় এটি একটি অনুভূতি, একটি সংগ্রাম যা মানবতার বিরুদ্ধে অপরাধের বিরুদ্ধে আমাদের সাহসিকতা তৈরি করে।

কানাডা সরকারের পদক্ষেপ এবং ক্ষমা প্রার্থনা

ব্রিটিশ কলম্বিয়ার এই ঘটনা কানাডার জন্য এক গভীর দুঃখের বিষয় হয়ে দাঁড়িয়েছে। কানাডা সরকার ইতিমধ্যে এই ঘটনার জন্য দুঃখ প্রকাশ করেছে এবং স্থানীয় আদিবাসী সম্প্রদায়ের কাছে ক্ষমা চেয়েছে। এই ঘটনার পর, সরকার দেশব্যাপী আদিবাসী শিশুদের মৃত্যুর ঘটনা নিয়ে তদন্ত শুরু করেছে এবং শোক সভা আয়োজন করা হচ্ছে। জাতীয় পতাকা অর্ধনমিত রাখা হচ্ছে, যেন এটির গুরুত্ব সকলের কাছে পৌঁছায় এবং এটি জাতির ইতিহাসের একটি লজ্জাজনক অধ্যায় হিসেবে চিহ্নিত হয়।

কানাডার প্রধানমন্ত্রী, জাস্টিন ট্রুডো, এই ঘটনাকে "দেশের ইতিহাসের একটি লজ্জাজনক অধ্যায়" হিসেবে উল্লেখ করেছেন এবং এই ঘটনার জন্য সরকার দায়ী বলে ঘোষণা করেছেন। যদিও এর জন্য ক্ষমা চাওয়া হয়েছে, তবুও ক্ষতি কোনোভাবেই পূর্ণতা পায় না।

এখন, যখনই আমি ব্রিটিশ কলম্বিয়ার অপরূপ প্রাকৃতিক সৌন্দর্যের দিকে তাকাই, তখন মনে পড়ে সেই শিশুদের আর্তনাদ, তাদের আকুতি, তাদের মা-বাবার কাছে ফিরে যাওয়ার ইচ্ছা। সারা পৃথিবীতে আদিবাসী জনগণের প্রতি এই ধরনের নির্মমতা আরও বহু বছর ধরে চলেছে, কিন্তু ব্রিটিশ কলম্বিয়ার ঘটনা এক বিশেষ মর্মান্তিক দৃষ্টান্ত হয়ে দাঁড়িয়েছে।

আজকের সমাজে আমাদের দায়িত্ব, যেন আমরা এই ধরনের নিষ্ঠুরতা এবং অবিচারের বিরুদ্ধে একসঙ্গে দাঁড়াই। প্রতিটি শিশুর অধিকার, তাদের সংস্কৃতি এবং পরিচয়ের প্রতি সম্মান জানানো আমাদের মূল লক্ষ্য হতে হবে। শিশুদের প্রতি এমন সহিংসতা বা অবিচার কখনোই গ্রহণযোগ্য নয়। এটি আমাদের মানবিকতার সবচেয়ে বড় চ্যালেঞ্জ এবং আমাদের সকলেরই এটি প্রতিরোধ করতে হবে।

কানাডার দিনলিপি

এই ঘটনা কেবল একটি দেশ বা একটি অঞ্চলের জন্য শোকের বিষয় নয়, বরং এটি আমাদের সভ্যতা এবং মানবতার জন্য একটি সংকেত। আমাদের সবাইকে একসাথে কাজ করতে হবে, যাতে ভবিষ্যতে এই ধরনের নির্মমতা আর কোনো শিশুকে সহ্য করতে না হয়। আশা করি, এই লিখাটি আমাদের সকলকে ইতিহাসের এই অন্ধকার দিকের বিষয়ে সচেতন করে তুলবে এবং আমরা সকলে মিলে এক নতুন পৃথিবী গড়ে তুলতে পারব, যেখানে শিশুদের জন্য একটি নিরাপদ, শান্তিপূর্ণ, এবং আদর্শ ভবিষ্যৎ অপেক্ষা করছে।

কানাডার দিনলিপি

কানাডায় বৈশাখী উৎসব এবং নতুন প্রজন্ম

বৈশাখী উৎসব বা বাংলা নববর্ষ, এক উৎসব যা শুধু বাংলাদেশের সীমা পর্যন্ত সীমাবদ্ধ নয়, বিশ্বব্যাপী বাংলাভাষী মানুষের হৃদয়ে বিশেষ স্থান লাভ করেছে। বাংলাদেশ ছাড়াও ভারতের পশ্চিমবঙ্গ, ত্রিপুরা এবং অন্যান্য অঞ্চলে এটি ব্যাপকভাবে উদযাপিত হয়। কিন্তু, কানাডায় বসবাসরত নতুন প্রজন্মের কাছে এই উৎসবের গুরুত্ব কীভাবে বৃদ্ধি পাচ্ছে, তা একটি উল্লেখযোগ্য প্রশ্ন। বৈশাখী উৎসব, যা বাংলার প্রাচীন ঐতিহ্য ও সংস্কৃতির অঙ্গ, কানাডার মতো বহুত্ববাদী সমাজে নতুন প্রজন্মের কাছে এর গুরুত্ব কীভাবে সংরক্ষিত রয়েছে, তা আমাদের আলোচ্য বিষয়।

কানাডা এক বহুজাতিক এবং বহুভাষিক দেশ। এখানে বসবাসরত মানুষের মধ্যে নানা জাতি, ধর্ম, সংস্কৃতি, এবং ঐতিহ্য রয়েছে। বৈশাখী উৎসবের মাধ্যমে নতুন প্রজন্মের মধ্যে বাংলা সংস্কৃতি ও ঐতিহ্য তুলে ধরা যায়। কানাডার বড় শহরগুলিতে যেমন টরন্টো, ভ্যাঙ্কুভার, মন্ট্রিয়ল এবং ক্যালগেরি, সেখানে প্রতিবছর বৈশাখী উৎসব পালিত হয়। তবে, এই উৎসব শুধু বড়দের জন্য নয়, কানাডার নতুন প্রজন্মের জন্যও গুরুত্বপূর্ণ হয়ে উঠেছে।

কানাডার নতুন প্রজন্মের বাচ্চারা, যারা প্রবাসী বাঙালি পরিবারে জন্মগ্রহণ করেছে, তারা যখন বাংলা নববর্ষ উদযাপন করে, তখন এটি শুধু ঐতিহ্য উদযাপন করা নয়, বরং নিজেদের শিকড় এবং পরিচয় পুনঃপ্রতিষ্ঠিত করা। ছোটবেলা থেকেই তারা বাংলা সংস্কৃতি, গান, নৃত্য, পোশাক, এবং খাবারের সাথে পরিচিত হয়ে ওঠে। বিশেষ করে নতুন প্রজন্মের মধ্যে বৈশাখী উৎসব উদযাপন একটি মাধ্যম হয়ে দাঁড়িয়েছে যা তাদের শিকড়ের সঙ্গে সংযোগ স্থাপন করতে সাহায্য করে। বৈশাখী উৎসবের মূল আকর্ষণ হলো এটি একটি সামাজিক অনুষ্ঠান। বিশেষ করে বাঙালি সম্প্রদায় যখন একত্রিত হয়, তখন তারা একে অপরের সঙ্গে নিজেদের অনুভূতি ভাগ করে নেয়। এই দিনটিতে পরিবারের সদস্যরা একত্রিত হয়ে নিজেদের ভালোবাসা ও আনন্দ প্রকাশ করে। কানাডায়, নতুন প্রজন্মের জন্য এটি একটি শক্তিশালী মাধ্যম, যা তাদের বাঙালি পরিচয় ও ঐতিহ্য বজায় রাখতে সাহায্য করে।

রিপন দে

যদিও কানাডার নতুন প্রজন্মের অনেকেই পশ্চিমী সংস্কৃতির প্রতি আগ্রহী, তবে তাদের মধ্যে অনেকেই নিজেদের বাংলার ঐতিহ্যকে ধারণ করতে চায়। বৈশাখী উৎসবের দিন, অনেক নতুন প্রজন্মের তরুণ-তরুণী বাংলা পোশাক যেমন শাড়ি, পাঞ্জাবি পরিধান করে, এবং বৈশাখী গানের তালে নাচে। সামাজিক মাধ্যমে তারা বাংলা নববর্ষের শুভেচ্ছা জানায় এবং তাদের পরিবার ও বন্ধুদের সঙ্গে সেলফি পোস্ট করে। এটা আধুনিক প্রযুক্তির মাধ্যমে বাংলা সংস্কৃতি ও ঐতিহ্যকে সবার কাছে পৌঁছানোর একটি নতুন উপায়। কানাডার এই নতুন প্রজন্ম ডিজিটাল প্ল্যাটফর্মের মাধ্যমে বাংলা সংস্কৃতির প্রসারে সহায়তা করছে। তাদের মোবাইল অ্যাপ্লিকেশন, ওয়েবসাইট এবং সোশ্যাল মিডিয়া প্রোফাইলের মাধ্যমে তারা বৈশাখী উৎসবের আনন্দ ও বার্তা বিশ্বের অন্যান্য স্থানে ছড়িয়ে দিচ্ছে। সামাজিক যোগাযোগ মাধ্যমে বিভিন্ন বাংলা গান, ভিডিও, এবং ভ্লগের মাধ্যমে তারা তাদের আনন্দ প্রকাশ করছে।

তবে, এই নতুন প্রজন্মের কাছে বাঙালি সংস্কৃতির গুরুত্ব ধরে রাখা কিছুটা চ্যালেঞ্জের মুখে। একদিকে, তারা কানাডার আধুনিক ও গতিশীল সমাজে বেড়ে উঠছে, অন্যদিকে, নিজেদের সংস্কৃতির প্রতি তাদের আগ্রহ কিছুটা কমে যেতে পারে। কিন্তু, যথাযথ উদ্যোগ এবং সঠিক প্রশিক্ষণ দ্বারা এই চ্যালেঞ্জকে জয় করা সম্ভব। বিভিন্ন সাংস্কৃতিক ক্লাব, সংগঠন এবং স্কুলে বাংলা ভাষা এবং সংস্কৃতির পাঠদান নতুন প্রজন্মের মধ্যে বাঙালি ঐতিহ্যের প্রতি আগ্রহ জাগাতে পারে।

বৈশাখী উৎসব শুধু একটি উৎসব নয়, এটি প্রবাসী বাঙালির চিরকালীন ঐতিহ্য এবং সংস্কৃতির প্রতীক। কানাডার নতুন প্রজন্মের মধ্যে এই উৎসব উদযাপন তাদের মধ্যে বাঙালি সংস্কৃতির প্রতি শ্রদ্ধা এবং ভালোবাসা জাগাতে সাহায্য করে। তারা এই উৎসবের মাধ্যমে নিজেদের শিকড়ের সঙ্গে সংযোগ স্থাপন করে, তাদের পরিচয়কে আরও দৃঢ় করে তোলে। এবং এই প্রক্রিয়ায়, তারা বিশ্বব্যাপী বাংলা সংস্কৃতির প্রসারে একটি শক্তিশালী ভূমিকা পালন করে। বৈশাখী উৎসব এবং নতুন প্রজন্মের মধ্যে এই সংযোগ নিশ্চিত করবে যে, বাংলা সংস্কৃতি সারা পৃথিবীজুড়ে ছড়িয়ে পড়বে, এবং আগামী প্রজন্মও এর ঐতিহ্যকে বাঁচিয়ে রাখবে।

কানাডার দিনলিপি

ট্রুডোর শাসনামলে কানাডার সহিংসতা

স্থান: ভেঙ্কুভার, কানাডা | সময়: ডিসেম্বর ২০২৪

গত কয়েক বছরে কানাডা একটি গভীর নৈতিক সংকটের মধ্যে দিয়ে গেছে। জননিরাপত্তা, বন্দুক নিয়ন্ত্রণ, মানসিক স্বাস্থ্য এবং অভিবাসন এই চারটি ইস্যুতে জাস্টিন ট্রুডোর নেতৃত্বাধীন লিবারেল সরকার যে ব্যর্থতা দেখিয়েছে, তা কেবল সমালোচনার নয় বরং এক জাতীয় আত্মসমালোচনার সময়ের সূচনা করেছে।

বিশেষ করে ২০২০-২০২৪ সময়কাল ছিল কানাডার ইতিহাসে একের পর এক গণহত্যা, সহিংসতা ও নিরাপত্তাহীনতার কালো অধ্যায়। এর মধ্যে কিছু ঘটনা জাতির হৃদয়কে বিদীর্ণ করেছে, আন্তর্জাতিক মিডিয়ায় কানাডার ভাবমূর্তি প্রশ্নবিদ্ধ করেছে, এবং সাধারণ নাগরিকদের চোখে ট্রুডো সরকারের সক্ষমতা ও সদিচ্ছা নিয়ে গভীর সন্দেহ তৈরি করেছে।

১. নোভা স্কোশিয়া গণহত্যা (২০২০)

২০২০ সালের এপ্রিল মাসে কানাডার ইতিহাসে সবচেয়ে বড় গণহত্যা ঘটে নোভা স্কোশিয়াতে, যেখানে একটি পুলিশ ইউনিফর্ম পরিহিত বন্দুকধারী ২২ জনকে হত্যা করে। প্রায় ১৩ ঘণ্টা ধরে সে একাধিক এলাকায় ঘুরে বেড়িয়ে মানুষ হত্যা করলেও, পুলিশের প্রতিক্রিয়া ছিল অবিশ্বাস্যভাবে ধীর। এই ঘটনার পর তদন্তে বেরিয়ে আসে, বন্দুকধারী আগেও সহিংস আচরণ করেছে কিন্তু পুলিশ বা সরকার তার বিরুদ্ধে তেমন কোনো ব্যবস্থা নেয়নি। ট্রুডো সরকার বন্দুক নিয়ন্ত্রণের কড়াকড়ি ঘোষণার মাধ্যমে দায়সারা চেষ্টা করলেও, অনেকেই একে প্রতীকী বা 'শো-পিস' উদ্যোগ বলেই মনে করেছেন।

২. সাসকাচোয়ান ছুরি হামলা (২০২২)

২০২২ সালের সেপ্টেম্বরে সাসকাচোয়ানের আদিবাসী এলাকায় এক ব্যক্তি এবং তার ভাই ছুরি দিয়ে ১১ জনকে হত্যা করে। অনেকেই হতবাক হয়েছিলেন যে এত বড় মাত্রার হামলা করা সত্ত্বেও নিরাপত্তা বাহিনীর প্রতিক্রিয়া এত দেরিতে এল কেন। এই ঘটনার পরে সামনে আসে, হামলাকারী এর আগেও সহিংস অপরাধে দণ্ডপ্রাপ্ত ছিলেন, কিন্তু তাঁকে আগেভাগে মুক্তি দেওয়া হয়েছিল যা এক গভীর ব্যর্থতার দৃষ্টান্ত।

৩. বেড়ে যাওয়া গ্যাং সহিংসতা এবং র‍্যান্ডম এটাক

বেশ কয়েকটি বড় শহর, বিশেষ করে টরন্টো, ভ্যাঙ্কুভার ও মন্ট্রিয়ালে র‍্যান্ডম ছুরি হামলা, মেট্রো স্টেশনে ধাক্কা দিয়ে ফেলে দেওয়া, পার্কে শিশুদের ওপর হঠাৎ হামলার মতো ঘটনাগুলি এত ঘন ঘন ঘটতে শুরু করেছিল যে নাগরিকেরা আতঙ্কিত হয়ে পড়েন। অনেকেই বলছিলেন, মানসিক স্বাস্থ্য ব্যবস্থার অব্যবস্থাপনা, অপরাধীদের দ্রুত জামিন, এবং অতিমাত্রায় উদার অভিবাসন নীতিই এসব ঘটনার জন্য দায়ী। অথচ, ট্রুডো সরকার শুধু "inclusive Canada" ও "compassionate society" জাতীয় স্লোগানে সীমাবদ্ধ থেকেছে।

৪. অভিবাসন ও সীমান্ত নিরাপত্তা প্রশ্নে ব্যর্থতা

২০২২-২০২৩ সালে রক্সহ্যাম রোড হয়ে প্রায় ৪০ হাজার অনিয়মিত অভিবাসী কানাডায় প্রবেশ করে। এদের মধ্যে অনেকে অপরাধে জড়িয়ে পড়ে বলে স্থানীয় সংবাদ মাধ্যম দাবি করে। সরকার এই বিষয়ে কোনো কার্যকর পদক্ষেপ না নেওয়ায় বিরোধীরা প্রশ্ন তোলে "জনগণের নিরাপত্তার চেয়ে কি ভোটব্যাংক বড়?" আর এই প্রশ্নই একসময় সাধারণ মানুষের মধ্যেও আলোড়ন তোলে।

৫. প্রতীকী পদক্ষেপ, বাস্তবহীন অঙ্গীকার

প্রতিটি বড় সহিংস ঘটনার পর ট্রুডো গভীর শোক ও প্রতিশ্রুতি জানালেও, স্থানীয় প্রশাসন বা কেন্দ্রীয় কাঠামোয় তেমন কোনো দৃশ্যমান সংস্কার চোখে পড়েনি। অস্ত্র

নিয়ন্ত্রণে কিছু নতুন আইন আনলেও তার বাস্তব প্রয়োগ নিয়ে প্রশ্ন আছে। অপরাধীদের জামিন ব্যবস্থার সংস্কার, মানসিক স্বাস্থ্য সেবায় বাজেট বাড়ানো, পুলিশ সংস্কার ইত্যাদি বহু প্রতিশ্রুতি দেওয়া হলেও তার বাস্তবায়ন প্রায় হয়নি বললেই চলে।

শেষ কথা: গণতন্ত্র শুধু ভোট নয়, জননিরাপত্তাও

জনগণের একটি মৌলিক চাহিদা হলো নিরাপত্তা। ট্রুডোর শাসনামলে কানাডার নাগরিকদের সেই নিরাপত্তা ছিল না বলেই অনেকেই বিশ্বাস করে। তারা আর শুধু সুন্দর বক্তৃতা বা রাজনৈতিক সঠিকতা চায় না তারা চায় দৃঢ় সিদ্ধান্ত, কার্যকর নেতৃত্ব। এই ব্যর্থতাগুলোই নির্বাচনের আগমুহূর্তে কানাডার রাজনীতির মোড় ঘুরিয়ে দেয়, এবং ট্রুডোর প্রতি মানুষের আস্থা ভেঙে পড়তে শুরু করে।

২০২৫ সালের কানাডার নির্বাচন ও অভিবাসন বিতর্ক

২০২৫ সালের ফেডারেল নির্বাচন ছিল কানাডার ইতিহাসে এক নাটকীয় পরিবর্তনের প্রতিচ্ছবি। এই নির্বাচন শুধু রাজনৈতিক নেতৃত্ব পরিবর্তন করেনি, বরং এক নতুন দৃষ্টিভঙ্গির সূচনা করেছে, যেখানে অভ্যন্তরীণ চাপ, অভিবাসন সংকট এবং পাশ্ববর্তী যুক্তরাষ্ট্রের রাজনৈতিক প্রভাব মিলেমিশে একটি গুরুত্বপূর্ণ মোড় তৈরি করেছে।

সবার আগে আসি নির্বাচনের ফলাফলে। দীর্ঘদিনের প্রধানমন্ত্রী জাস্টিন ট্রুডো পদত্যাগের পর লিবারেল পার্টি তাদের নতুন নেতা মার্ক কার্নিকে নিয়ে নির্বাচনী যুদ্ধে নামে। প্রথমদিকে কেউ তেমন আশাবাদী ছিল না, কিন্তু বাস্তবতা সবাইকে চমকে দেয় কার্নির নেতৃত্বে লিবারেল পার্টি ১৬৯টি আসন পেয়ে সংখ্যালঘু সরকার গঠন করে। যদিও সংখ্যাগরিষ্ঠতার জন্য ১৭২টি আসন প্রয়োজন, তবুও এটি লিবারেলদের জন্য এক বড় প্রত্যাবর্তন বলা যায়।

অন্যদিকে, কনজারভেটিভ নেতা পিয়েরে পলিয়েভ্রে এবং এনডিপির জগমিত সিং উভয়েই নিজেদের আসন হারান। সিং পরবর্তীতে দলের নেতৃত্ব থেকে সরে দাঁড়ানোর ঘোষণা দেন। এই পরাজয় মূলত জাতীয়তাবাদী আবেগের ফলাফল, যা মার্কিন প্রেসিডেন্ট ডোনাল্ড ট্রাম্পের আগ্রাসী মন্তব্য এবং কানাডা সংক্রান্ত অযৌক্তিক হুমকির প্রতিক্রিয়ায় জনগণের মধ্যে সৃষ্টি হয়। ট্রাম্পের 'কানাডা একদিন আমেরিকার অংশ হয়ে যাবে' টাইপ উক্তি অনেক কানাডীয়ের জাতীয় আত্মপরিচয়কে আহত করে। এরই ফায়দা লিবারেলরা তোলে তাদের স্লোগান ছিল স্পষ্ট: "কানাডা কানাডাই থাকবে"।

জগমিত সিংয়ের পদত্যাগ ও এনডিপির বিপর্যয়: একসময় এনডিপি নেতারূপে জগমিত সিং ছিলেন তরুণ প্রজন্ম ও প্রগতিশীল ভোটারদের মধ্যে জনপ্রিয় মুখ।

কিন্তু ২০২১ সালের পর থেকে তার জনপ্রিয়তা ক্রমশ কমতে থাকে। লিবারেলদের সঙ্গে অনেক ইস্যুতে আপস করে তিনি এনডিপির স্বকীয়তা হারান বলে দলের অনেক কর্মী মনে করেন। ফলে ২০২৫ সালের নির্বাচনে এনডিপি মাত্র ৬% ভোট পায় এবং ৭টি আসন নিয়ে তৃতীয় দলের মর্যাদাও হারায়।

সবচেয়ে বড় ধাক্কা ছিল জগমিত সিং নিজের আসন হারান। ফলাফল ঘোষণার পর তিনি আবেগঘন ভাষণে দলের নেতৃত্ব থেকে পদত্যাগের ঘোষণা দেন: "আমি এই ফলাফলকে কৃতজ্ঞচিত্তে গ্রহণ করছি। কিন্তু এটি স্পষ্ট যে, এখন দলের নতুন নেতৃত্বের প্রয়োজন।"

এই নির্বাচনের পেছনের আরেকটি বড় প্রভাবক ছিল অভিবাসন নিয়ে ট্রুডোর পূর্ববর্তী সরকারের বিতর্কিত সিদ্ধান্ত। ২০২৪ সালে ট্রুডো সরকার আচমকাই ঘোষণা দেয় যে কানাডার অভিবাসন লক্ষ্যমাত্রা হ্রাস করা হবে। যেখানে আগের বছরগুলোতে প্রতি বছর প্রায় ৫ লাখ মানুষকে স্থায়ী বাসিন্দা হিসেবে স্বাগত জানানো হতো, সেখানে নতুন পরিকল্পনায় ২০২৫ সালের জন্য লক্ষ্য নির্ধারণ করা হয় ৩৯৫,০০০ জন, এবং তা পর্যায়ক্রমে আরও কমানো হবে।

কেন এই সিদ্ধান্ত? ট্রুডো নিজেই স্বীকার করেছিলেন, “আমরা কিছু ভুল করেছি।” মহামারির পর শ্রমবাজারকে চাঙ্গা রাখতে দ্রুত অভিবাসনের ওপর নির্ভর করা হয়েছিল, কিন্তু সেই হারভার্ড-বিশেষজ্ঞ প্ল্যান বাস্তবে একেবারেই ভারসাম্যহীন হয়ে দাঁড়ায়। জনসংখ্যা বেড়ে যাওয়ায় হাউজিং সংকট, স্বাস্থ্যসেবার চাপ এবং সামাজিক সেবার ঘাটতি তীব হয়। এ নিয়ে কানাডাবাসীদের মধ্যে তীব্র অসন্তোষ দেখা দেয়।

অনেকেই মনে করেন, অভিবাসনের সংখ্যা হ্রাসের এই সিদ্ধান্ত ট্রুডোর জনপ্রিয়তায় মারাত্মক ধাক্কা দেয় এবং একরকম চাপে পড়েই তাকে পদত্যাগ করতে হয়। তবে লিবারেলরা দ্রুত নেতৃত্বে পরিবর্তন এনে মার্ক কার্নির মত একজন অভিজ্ঞ অথচ "ফ্রেশ ফেস" তুলে এনে রাজনৈতিক আস্থা পুনরুদ্ধারে সক্ষম হয়।

নতুন প্রধানমন্ত্রী মার্ক কার্নির সামনে এখন নানা চ্যালেঞ্জ। একদিকে তাঁকে অভ্যন্তরীণভাবে ঘর গোছাতে হবে অর্থনীতি, আবাসন ও সামাজিক সেবা নিয়ে জনগণের উদ্বেগ মোকাবেলা করতে হবে; অন্যদিকে, তাঁকে আন্তর্জাতিক পরিমণ্ডলে যুক্তরাষ্ট্রের মতো একটি অস্থির প্রতিবেশীর সঙ্গে কূটনৈতিক ভারসাম্য রক্ষা করতে হবে। ট্রাম্পের সঙ্গে ইতিমধ্যেই ফোনে কথা হয়েছে, সরাসরি বৈঠকের প্রস্তুতিও চলছে।

ভবিষ্যতের চ্যালেঞ্জ:

নতুন প্রধানমন্ত্রী হিসেবে কার্নির সামনে রয়েছে বেশ কিছু জটিল চ্যালেঞ্জ:

- যুক্তরাষ্ট্রের সঙ্গে বাণিজ্যিক সম্পর্ক স্থিতিশীল রাখা
- আবাসন সংকট মোকাবিলা
- জ্বালানি ও জলবায়ু নীতিতে ভারসাম্য আনা
- অভিবাসন ব্যবস্থায় স্বচ্ছতা ও মানবিকতা ফিরিয়ে আনা
- জনগণের রাজনৈতিক আস্থা পুনর্গঠন

অন্যদিকে, এনডিপির জন্য এখন সময় নতুন নেতৃত্বে নিজেদের সংগঠিত করে আবারও প্রগতিশীল রাজনীতির মঞ্চে ফিরে আসার। রাজনৈতিক প্রতিদ্বন্দ্বিতার পাশাপাশি আদর্শিক লড়াইও আগামী দিনগুলোতে আরও তীব্র হতে পারে।

এই নির্বাচন কেবল একটি রাজনৈতিক দলকে ক্ষমতায় আনেনি, বরং এটি প্রমাণ করেছে কানাডার জনগণ এখনও স্বাধীনচেতা, তাদের জাতীয় পরিচয় নিয়ে তারা আপস করতে রাজি নয়। অভিবাসনের মতো সংবেদনশীল বিষয়ে তাঁরা দ্রুত প্রতিক্রিয়া দেখাতে জানেন। ভবিষ্যতে এই অভিবাসন নীতি আবার পরিবর্তিত হবে কি না, তা সময়ই বলে দেবে, তবে একটি বিষয় স্পষ্ট: কানাডা এখন এক নতুন রাজনৈতিক যুগে প্রবেশ করেছে।

শেষ কথা: ২০২৫ সালের কানাডার নির্বাচন ছিল একটি উত্তরণের সময়। একদিকে ট্রুডো যুগের অবসান, অন্যদিকে কার্নির নতুন যাত্রা এবং এনডিপির ধ্বংসস্তূপ থেকে উঠে দাঁড়ানোর চেষ্টা সব মিলিয়ে এটি শুধু একটি নির্বাচন ছিল না, ছিল কানাডার ভবিষ্যৎ রাজনৈতিক মানচিত্রের রূপরেখা। আমরা এখন এক নতুন অধ্যায়ের প্রারম্ভে দাঁড়িয়ে আছি, যার পরিণতি নির্ভর করবে নেতাদের বিচক্ষণতা, জনগণের প্রত্যাশা, এবং গণতন্ত্রের প্রতি সবার দায়বদ্ধতার ওপর।

আপনি যদি একজন প্রবাসী, ছাত্র, পেশাজীবী বা ভবিষ্যতের কানাডা অভিবাসনে আগ্রহী কেউ হয়ে থাকেন, তাহলে এই নির্বাচন ও অভিবাসন নীতির পরিবর্তনের প্রভাব আপনার জীবনে পড়তেই পারে। তাই সময় থাকতে সবকিছু বুঝে নেয়া জরুরি।

বঙ্গবন্ধুর খুনি ডালিমের কানাডা আগমন

স্থান: অন্টারিও, কানাডা | সময়: জুলাই ২০১১

কানাডাতে থাকার সুবাদে কানাডার প্রাত্যাহিক খবরাদি খোদ কানাডার গণমাধ্যমগুলো থেকে নেয়ার সুযোগ পাচ্ছি। সেই সূত্রে ধরেই খবরটি জানাচ্ছি।

বঙ্গবন্ধুর খুনি লে. কর্নেল (অব.) শরীফুল হক ডালিম দু'সপ্তাহ কানাডায় অবস্থান করেছেন। আর বহন করছেন অন্য একটি দেশের পাসপোর্ট। এই পাসপোর্টের কারণেই ডালিম ঘুরে বেড়াচ্ছেন নানা দেশ। একাধিক নির্ভরযোগ্য সুত্রে এই তথ্য পাওয়া গেছে।

গত ২ নভেম্বর কানাডার রাজধানী অটোয়াতে এসেছিলেন ডালিম। অটোয়ার ৩৩ নিকোলাস স্ট্রিটের নভোটেল হোটেলের ৩৩৪ নম্বর রুমে ছিলেন একটানা ৮ দিন। সেখানে বসেই একজন বাঙালি ইমিগ্রেশন কনসালটেন্টের সাথে দু'দফা বৈঠক করেন। ধারণা করা হচ্ছে, ইমিগ্রেশন বিষয়ক আলোচনা হয় তাদের মধ্যে। হোটেল রুমে বসেই প্রচুর ফোন কল করেছেন ডালিম, যার বেশিরভাগই পাকিস্তান, হংকং এবং লিবিয়ায়।এ বিষয়ে বিস্তারিত জানতে চাইলে নভোটেল হোটেলের রুম ডিভিসন ম্যানেজার এলেক্স গ্রিকোরেস্কু বলেন, কাস্টমারের কোনো তথ্য আমরা থার্ড পার্টির কাছে সরবরাহ করতে পারি না। তাই বিস্তারিত কিছু জানাতে পারছি না। সূত্র মতে, ১৩ নভেম্বর সকাল ১০টায় নভোটেল থেকে চেক আউট হন ডালিম। একইদিন রাতে আসেন টরন্টো । সেই রাতে মার্খামের এক আত্মীয়ের বাসায় রাত কাটান । পরের দিন ১৪ নভেম্বর রাত ১২ টা ১০ মিনিটে ক্যাথে প্যাসিফিক এয়ারলাইন্সের সিএএক্স-২৭ নম্বর ফ্লাইটে হংকং এর উদ্দেশ্যে টরন্টো ত্যাগ করেন। বর্তমানে ডালিমের অবস্থান নিয়ে দু'ধরনের তথ্য পাওয়া গেছে। একটি সূত্র বলেছে, ডালিম এখন হংকং অবস্থান করছেন। আরেকটি সূত্র জানিয়েছে, পাকিস্তানে অবস্থানের কথা। আরো জানা গেছে, সে এখন ব্রিটিশ পাসপোর্ট বহন

করছেন। এ কারণেই যে কোনও সময় যে কোনও দেশ ভ্রমণ করতে পারছেন। তবে ডালিমের একজন ঘনিষ্ঠভাজন এই তথ্যটি সঠিক নয় বলে জানান।

১৯৭৫ সালের ৩ নভেম্বর জেলহত্যার পর ৪ নভেম্বর ডালিমসহ বঙ্গবন্ধুর খুনিদের একটি বিশেষ বিমানে রেঙ্গুন হয়ে ব্যাংকক পাঠানো হয়। সেখান থেকে পাকিস্তান সরকারের দেয়া একটি বিমানে তাদের লিবিয়া নিয়ে যাওয়া হয়। ১৯৭৬ সালের ৮ জুন এই ১২ জনকে বিভিন্ন দূতাবাসে চাকরি দেয়ার ব্যবস্থা করা হয়। হত্যাকাণ্ডে নেতৃত্বদানকারী লে. কর্নেল সৈয়দ ফারুক রহমান ও লে. কর্নেল খন্দকার আব্দুর রশীদ চাকরিতে যোগ দিতে রাজি হননি। তারা সেখানে ব্যবসা-বাণিজ্য শুরু করেন। এদের মধ্যে লে. কর্নেল শরিফুল হক ডালিমকে চীন দূতাবাসে প্রথম সচিব, লে. কর্নেল আজিজ পাশাকে আর্জেন্টিনায় প্রথম সচিব, মেজর একেএম মহিউদ্দিন আহমেদকে আলজেরিয়ায় প্রথম সচিব, মেজর বজলুল হুদাকে পাকিস্তানে দ্বিতীয় সচিব, লে. কর্নেল শাহরিয়ার রশিদকে ইন্দোনেশিয়ায় দ্বিতীয় সচিব, মেজর রাশেদ চৌধুরীকে সৌদি আরবে দ্বিতীয় সচিব, মেজর নূর চৌধুরীকে ইরানে দ্বিতীয় সচিব, মেজর শরিফুল হোসেনকে কুয়েতে দ্বিতীয় সচিব, কর্নেল কিসমত হাশেমকে আবুধাবিতে তৃতীয় সচিব, লে. খায়রুজ্জামানকে মিসরে তৃতীয় সচিব, লে. নাজমুল হোসেনকে কানাডায় তৃতীয় সচিব ও ক্যাপ্টেন আবদুল মাজেদকে সেনেগালে তৃতীয় সচিব হিসেবে নিয়োগ দেয়া হয়।

পরে একেএম মহিউদ্দিন আহমেদকে লিবিয়ায় বদলি করা হয় সচিব পদে এবং লে. কর্নেল শাহরিয়ার রশিদকে আলজেরিয়ার দ্বিতীয় সচিব পদে নিয়োগ দেয়া হয়। মেজর রাশেদ চৌধুরীকে আবার পরে চীন দূতাবাসে স্থায়ী পদে যুক্ত করা হয়। কর্নেল কিসমত হাশেমকে পরে আবার দেশে ফিরিয়ে আনা হয়।

পরবর্তীতে এরশাদ সরকার ডালিমকে বেইজিংয়ে নিয়োগ দিতে গিয়ে না পেরে পরে হংকংয়ে ভারপ্রাপ্ত মিশন প্রধান হিসেবে নিয়োগ দেন। পোল্যান্ডে ডালিমকে একই পদে নিয়োগ দিলেও সেদেশের সরকার তাকে গ্রহণ করতে অস্বীকৃতি জানায়। এরপর লন্ডনে এরশাদ ও ডালিমের মধ্যে এক বৈঠকের ভিত্তিতে তাকে

কানাডার দিনলিপি

কেনিয়াতে হাইকমিশনার নিয়োগ দেয়া হয়। ডালিম নানা জায়গায় অনেক অঘটনের জন্ম দেন। তাকে পোল্যান্ড সরকার গ্রহণ না করায় সে নিয়োগের আদেশ না থাকা সত্ত্বেও লন্ডন চলে আসে। এরশাদ লন্ডন সফরের সময় হিথ্রো বিমান বন্দরের এলকক এন্ড ব্রাউন স্যুটে এবং পরবর্তীতে হোটেলে তার সঙ্গে দীর্ঘ বৈঠক করেন। অথচ সে সময় তার কোনো নিয়োগপত্র ছিল না। কেনিয়া সরকার ডালিমের অকূটনীতিসুলভ আচরণে অসন্তুষ্ট হয়ে তার বিরুদ্ধে বেশ কয়েকবার বাংলাদেশ সরকারের কাছে অভিযোগ করে। ডালিম চীনে কর্মরত অবস্থায় সেখানকার রাষ্ট্রদূত আব্দুল মমিনকেও নানাভাবে হেনস্তা করেন। কেনিয়া এবং লিবিয়াতে ডালিমের বিরুদ্ধে বেশ কয়েকটি মামলাও রয়েছে। বঙ্গবন্ধুর খুনি ডালিমের কানাডা সফরের খবরে প্রবাসী বাংলাদেশিদের মধ্যে ব্যাপক ক্ষোভ বিরাজ করছে।

শান্তিপ্রিয় কানাডা কী খুনিদের নিরাপদ আশ্রয়স্থল? এই প্রশ্ন এখন অনেকের মনে। বঙ্গবন্ধুর হত্যাকারী লে. কর্নেল (অব.) শরীফুল হক ডালিম ও লে. কর্নেল (অব.) এসএইচ এমবি নূর চৌধুরী এখন কানাডায় অবস্থান করছেন। এমন খবর নিশ্চিত হওয়া গেছে কয়েক সপ্তাহ আগে। ঢাকার কয়েকটি পত্রিকায় এই নিয়ে সংবাদও প্রকাশিত হয়েছে। বাংলাদেশের আইনমন্ত্রীও এসেছিলেন কানাডায়। কানাডা সরকারের বেশ কয়েকজন উচ্চপদস্থ কর্মকর্তার সাথেও বৈঠক করেছেন। কথা বলেছেন কানাডিয়ান আইনজীবিদের সাথে। অ্যাটর্নি জেনারেলের সাথে বৈঠকের খবরও জেনেছি আমরা। ফলাফল কী হবে সেটা আমরা জানিনা। তবে একজন বাংলাদেশি কানাডিয়ান হিসেবে বলতে দ্বিধা নেই, কানাডা খুনিদের নিরাপদ আশ্রয়স্থল হতে পারে না। খুনিদের দেশে ফিরিয়ে নিয়ে যাবার ব্যাপারে বেশ কিছু আইনগত জটিলতা আছে। কিন্তু এই জটিলতা কাটিয়ে ওঠা অসাধ্য কিছু নয়। কানাডা আওয়ামী লীগের নেতৃবৃন্দ অবশ্য বলেছেন, তারা এই বিষয়টি নিয়ে কাজ শুরু করেছেন। কিন্তু খুনিদের বহিষ্কারের দাবিতো সবার দাবি হওয়া উচিত। আপনি কেনো নীরব ? আওয়াজ তুলুন এখনই। কলঙ্কমোচন এই যাত্রায় আপনিও শরিক হোন।

কানাডার দিনলিপি

তথ্যসূত্র: টরেন্টো কেন্দ্রিক বাংলা সাপ্তাহিক "বেঙ্গলি টাইমস", বিডি কানাডা ডেইলি এবং রয়টার্স

আমি আজ অনেকটাই বদলে গেছি, প্রভু
(কল্পচিত্র)

গভীর রাত। ঘুমে চোখ সয়ে আসছে না। হাতে কফির মগ নিয়ে জানালার ধারে হেলান দিয়ে দাঁড়িয়ে আছি, ক্যাসেট প্লেয়ারে হালকা ভলিউমে চয়নের গান বাজছে,

"মন তোমারে খুঁজে বেড়াই, বসে নিরালায়, যাইও না যাইও না অবেলায়।"

বাইরে প্রবল স্নো পড়ছে। তাকিয়ে আছি আকাশের দিকে। আজ চাঁদ বেশ বড় হয়ে উঠেছে, তবুও আকাশ যেন গুমোট ছায়ায় ঢেকে আছে। বড় থালার মতো চাঁদ যখন স্নো-ঢাকা আকাশের পেছন দিয়ে উঁকি দেয়, তখন সে যতটুকু মায়াবী সৌন্দর্য দেখাতে পারে, আমাদের এই রুক্ষ কানাডীয় চাঁদ তা কখনই দেয় না। তাই আমার নিজ দেশের পূর্ণিমার চাঁদের সঙ্গে আজ আর তেমন সখ্যতা অনুভব করি না। এখন আর ছাদে উঠতে ইচ্ছে করে না, অবাক চোখে তাকিয়ে থাকার অনুভূতি আর আসে না।

মনে পড়ে যায় সেই সময়গুলো, যখন রাতের পর রাত অপেক্ষায় থাকতাম, চান্দি পসরের সেই মায়াবী আলোয় স্নান করবার জন্য যে আলো শরীরের প্রতিটি কোণে এক নতুন অনুভূতির স্পন্দন নিয়ে আসত। কিন্তু এখন, সেই অনুভূতির প্রতিফলন কেমন যেন ম্লান।

আমার এই অনুভূতি, বেশিরভাগই বাইরের জগতের জন্য। আমি এখন এক যান্ত্রিক মানুষে পরিণত হয়েছি, যেখানে হৃদয়ের চারপাশে এক কঠিন আবরণ গড়ে উঠেছে। এখন আর কোনো মূর্ছনার রস কিংবা আবেগ সহজে আমার হৃদয়ে থিতু হতে পারে না।

তাই, প্রভু, আজ আমি নিজেকে প্রশ্ন করি আমি কি বদলে গেছি?

কানাডার দিনলিপি

আমি আর স্বপ্ন দেখি না, সবুজ ধানের তপ্ত মেঠো পথ ধরে চপল পায়ে হেঁটে বেড়ানোর। আমি আর স্বপ্ন দেখি না, আকাশে মাছ ধরার জন্য ছোট্ট খালের পাড়ে বসে থাকার। এখন আমি স্বপ্ন দেখি, শীতল রাস্তা ধরে যান্ত্রিক যানবাহনে চড়ে, আধুনিক বিলাসিতায় এক নতুন পৃথিবী তৈরি করার।

আমি আর স্বপ্ন দেখি না, নরেন বাবুর কাঁঠাল বাগান থেকে গোপনে কাঁঠাল খাওয়ার, অথবা স্কুল থেকে ফিরতে শিমুলবাগানের পথে ঢিল ছোঁড়ার। আমি আজ স্বপ্ন দেখি, সুসজ্জিত স্যুটে ভদ্রতার জগতের অঙ্গীকারে মেশানো খাবারের বিলাসিতা।

আজ আমি বিদ্যার ডাল (শিক্ষা) সংগ্রহ করি, এবং যান্ত্রিক জীবনকে আলিঙ্গন করি। শুকনো পাতার শব্দের বদলে আমি এখন মদের বোতল খোলার সুর শুনি।

আমি আর স্বপ্ন দেখি না, সজনে ডাটার ফুল তুলতে মানশ্রী বিলে যাওয়ার, অথবা জঙ্গলে বসে কাকতাড়ুয়া ধরার। আমি এখন স্বপ্ন দেখি, গভীর শীতলতায় সুরেলা কোনো শব্দকে, অনুভূতিতে ঢেকে মুছে ফেলার। সেগুলো যেন যেন এক অন্যরকম শব্দশুশ্রী, যেখানে আবেগ ছাড়াই 'ধন্যবাদ' এবং 'sorry' বলা যায়, শিষ্টতাবোধের আড়ালে।

আমি আর বাঙালি নই। এখন আমি স্বপ্ন দেখি, আধুনিক শহরের জীবনে ফিটফাট হয়ে ঘুরে বেড়ানোর, পাকা রাস্তায় সঞ্চালিত গাড়ির পেছনে আড়ালে একটু সুখের সন্ধান খুঁজে নেবার।

এখন আমি যান্ত্রিক এক মানুষ এটাই কি আমি চেয়েছিলাম?

তবুও, প্রভু, আমি বলি আজ আমি অনেকটাই বদলে গেছি। অনেকটাই।

বাংলাদেশ ভাবনা:

দেশে ফেরার টুকরো গল্প

স্থান: অন্টারিও, কানাডা | সময়: মার্চ ২০১৩

আমার ছোট্ট ঘরের ছোটখাট জানালা দিয়ে বিশাল আকাশ দেখা যায়। প্রতিদিন সেই ছোট্ট জানালার ফাঁক গলে সূর্যরশ্মির কিরণ যখন আমার চোখে-মুখে লাগে, তখনই আমার অঘোর ঘুমটা ভেঙে যায়। এই ছোট্ট চোখ দিয়েই প্রতিদিন আমি বিশাল আকাশটাকে দেখি। আজ রোববার, তাই মন ভরে আকাশ দেখছি। সাথে এক কাজ আর করছি টিকেট কাটছি, দেশে যাওয়ার টিকেট। কয়েকদিন ধরেই সারা দিন টিকেট দেখে বেড়াই। প্রবাসী মাত্রই জানেন, এই মুহূর্তটা কতটা আনন্দময়, আর কতটা ভালো লাগার। তবে টিকেটের দাম আকাশ ছুঁই ছুঁই। হঠাৎ একদিন দেখলাম চাইনিজ এয়ারলাইন্স ১৪০০ ডলারে দেশের রিটার্ন টিকেট বিক্রি করছে।

চাইনিজ এয়ারলাইন্স সম্পর্কে একটু ধারণা দিই। "চাইনিজ এয়ারলাইন্স" আর "ঢাকা-গাজীপুর চৌরাস্তার" লোকাল বাস সার্ভিস একই জিনিস। চাইনিজ এয়ারলাইন্স শুধু আকাশপথে চলে, আর বাস সড়কপথে এইটা পার্থক্য। চাইনিজ এয়ারলাইন্সের বিমানের এক অদ্ভুত কিসিমের আপুরাও আছেন। তাঁরা মাত্রাহীন পেইন দিয়ে বেড়ান। মাইক্রোফোন হাতে জিনিসপত্র ফেরি করে বেচাবিক্রির চেষ্টা করেন। আর তাদের হাসি দেখে মনে হয়, দু-মার্কও দেওয়ার মতো নয়! তবে সস্তায় যাচ্ছি বলে, এসব হাজার গুনাহ মাফ। তাই তল্পি-তল্পা নিয়ে যথাসময়ে এয়ারপোর্টে হাজির। চেক-ইন টেক-ইন শেষে যাত্রা শুরু হলো।

আটলান্টিক মহাসাগরের উপর দিয়ে প্লেন উড়ছে। পাখির মতো তাকিয়ে আছি নিচের দিকে। উপর থেকে দেখা যাচ্ছে পাহাড় ঘেরা একটি আবছামতন দৃশ্য, আটলান্টিক মহাসাগরের কিনারায়। এক পাশে পাহাড়ের সারি, অন্য পাশে নীল জলরাশির গভীর মহাসাগর। আর তখনই দেখলাম অনিন্দ্য সুন্দর একটি দৃশ্য। আমি আমার জীবনের সেরা সূর্যাস্তটা দেখলাম। পাহাড়ের ধারে, জনবিচ্ছিন্ন একটি প্রান্তরে সূর্যরশ্মি ঠিকরে পড়ছে। সামনে আটলান্টিক মহাসাগরের গাঢ় নীল জলরাশি। ভেজা মেঘগুলো গলে প্লেন ভেসে

যাচ্ছে নিঃসঙ্গ সীগালের মতো। মেঘগুলোর উপর সূর্যরশ্মি হামলে পড়ছে অবিরত। কল্পনা করছিলাম, যেন একটি সাদা রঙের পঙ্খিরাজ ঘোড়া মেঘের ডালি গলে বেরিয়ে আসছে সামনের দিকে। সূর্যাস্তের যে এতগুলা রং হতে পারে, এবং তা যে এতটা সুন্দর হতে পারে, সেটা এই প্লেনের উপর থেকে সূর্যাস্ত না দেখলে হয়তো কোনদিনই বুঝতাম না। ছবি তোলে রাখার কথা চিন্তাও করলাম না, কারণ এ সীমাহীন সৌন্দর্য চোখে ধরে রাখতে হয়, ক্যামেরায় বন্দি করা যায় না।

শুরুতে টরোন্টো থেকে এয়ার কানাডার ফ্লাইট ছিল 'ঝিমধরা ফ্লাইট'। সব ভদ্র ভদ্র মানুষ, সাদা চামড়া। এরা কেন যেন উঠেই ঝিম ধরে বসে থাকে, নড়চড় নেই। আমার মতো বাদামী চামড়া শুধু এদিক-ওদিক তাকায়। আশেপাশে সুন্দরী খুঁজে বেড়ায় (বৌ শুনলে খবর আছে!)। একটু পরপর মুভিটুভি দেখে, গান-টান শোনে, শেষে কোন কায়দা করতে না পড়লে এরাও ঝিমিয়ে পড়ে। এয়ার কানাডাতে যতবার উঠেছি, ভ্রমণকে তাপহীন মনে হয়েছে।

তাপ তাহলে শুরু হয় কোথা থেকে? বলা যায় মধ্যপ্রাচ্যের বিমানবন্দরগুলো থেকে। মধ্যপ্রাচ্য ছেড়ে আসা এই ফ্লাইটগুলো মাঝে মাঝে মাছ বাজারের কাছাকাছি চলে যায়। বিমানের ভেতরটা সরগরম থাকে সবসময়। টয়লেটের কাছে সবসময়ের একটা ভিড় এই ফ্লাইটকে সারাক্ষণ প্রাণবন্ত করে রাখে। বিমান-দিদিরা তাদের সামলাতে সামলাতে হাপিয়ে উঠেন। বিমান-দিদিরা যন্ত্রণার উপর থাকে সারাক্ষণ, আর যারা তাদের যন্ত্রণার উপর রাখে, তারা গোল হয়ে খোশগল্প করতে করতে লুকিয়ে সিটের নিচে পানের পিক ফেলতে দেখা যায়। সিটের গায়ে তাই পানের লাল দাগ দেখা যায়। বিমান-দিদিরা দেখে ফেললে তারা "চরি, চরি" বলে আবারও খোশগল্পে মেতে উঠে। একই বর্ণের হওয়াতে, বাংলাদেশের বিভিন্ন প্রান্তের মানুষের সাথে দেখা হয়। কথা হয় বিপ্লবের সাথে। বয়স ২৬, বাড়ি রাজশাহী। এলোমেলো উষ্কখুষ্ক চুল আর চোখগুলো ঘোলাটে।

গল্পের শুরুটা এমন। বিপ্লব নিম্ন-মধ্যবিত্ত পরিবারের ছেলে। বাবা-মা আর বোনকে নিয়ে পরিবার। বাবা ছোট একটা দোকান চালায়, এতে সংসার চলে না। এলাকার অনেকের মতো বিপ্লবেরও মধ্যপ্রাচ্যে আসার স্বপ্ন ছিল। পরিবারের আর্থিক অনটন দূর করতে হবে, বোনের বিয়ে দিতে হবে, নিজের সংসার গড়বে এই ছিল তার লক্ষ্য। সাত লাখ টাকা দরকার ছিল, জোগাড় হয়েছে ছয় লাখ। ছেলের স্বপ্ন পূরণের জন্য মাও এগিয়ে এলেন অবশেষে। নিজের গয়না বিক্রি করে বাকি দুই লাখ জোগাড় করে দিলেন। ছেলে মধ্যপ্রাচ্যে

আসল, স্বপ্ন পূরণ হলো। কিন্তু কদিন পরেই বিপ্লব বুঝতে পারল, স্বপ্ন আর বাস্তবের মধ্যে অনেক ব্যবধান। সারাদিন হাড়ভাঙ্গা অমানুষিক খাটুনি খেটে যা পায়, তা দিয়ে দেশে পাঠানোর মতো কিছু অবশিষ্ট থাকে না। তবে চেষ্টা চালিয়ে যায়। হঠাৎ দেশে খারাপ খবর এল। মায়ের পাকস্থলীতে টিউমার। প্রায় দুই লাখ টাকার দরকার। অল্পদিন হয়েছে মাত্র বিপ্লবের আসা, এখনও তার স্বল্প আয় থেকে কিছু জমিয়ে তুলতে পারেনি। মনটা ছটফট করে উঠল বিপ্লবের। নিয়তি মাঝে মাঝে এতটা নিষ্ঠুর হতে পারে, সে ভাবতে পারেনি। চেষ্টার ত্রুটি করেনি বিপ্লব, কিন্তু কোনোভাবেই কিছু করতে পারেনি। আর তার মাও বেশিদিন অপেক্ষা করেনি। কদিন আগেই চলে গেলেন পৃথিবী ছেড়ে। সেই মায়ের লাশ দেখতেই দেশে যাচ্ছে সে। বিপ্লবের চোখে জল টলমল হয়ে উঠল। সে চোখ তীক্ষ্ণ করে বলল, যে মা তার জন্য বিপদের সময়ে গয়না বিক্রি করে দুই লাখ টাকা দিয়ে সাহায্য করলেন, সেই মাকে সে দুই লাখ দিয়ে চিকিৎসা করাতে পারেনি। বিপ্লব আর কথা বলতে পারল না, তার গলা আটকে গেল। তার চোখ দুটি ঝাপসা হয়ে গেল। প্লেনের জানালা দিয়ে বাইরের মেঘগুলোর দিকে তাকিয়ে আছে সে। মেঘগুলোর উপর এখন আর সূর্যরশ্মি নেই, কোন আলো এখন আর ঠিকরে পড়ছে না। কেমন যেন ঘোলাটে মনে হচ্ছে সবকিছু।

দীর্ঘ সাত ঘণ্টার যাত্রার পর, ট্রানজিটের জন্য প্লেন আটকালো। বিপ্লবকে দেখছি এদিক-ওদিক ঘুরে বেড়াচ্ছে। চোখে-মুখে অন্তর্ভেদী শূন্য দৃষ্টি নিয়ে যে মানুষগুলো ঘুরে বেড়ায়, এতো মানুষের ভিড়ে তাদের আলাদা করা যায় না। বাইরের ভদ্রসমাজের কেউ হয়ত বুঝতেই পারে না, এই স্বপ্নহারা মানুষগুলোর পা কতটা ভারী!

ল্যান্ডিং এর ঠিক আগের প্রস্তুতি শুরু করবার নির্দেশ দেওয়া হয়েছে কিছুক্ষণ আগে। ফ্লাইটটি কিছুক্ষণ পরে ঢাকার আকাশে ঢুকবে। স্থানীয় সময়ে ভোর বলা যায়। সিটের সামনের স্ক্রিনে বিমানের গতি দেখাচ্ছে। ধীরে ধীরে বিমান একটু একটু করে নিচের দিকে নামছে। এখন গ্রাউন্ড স্পিড প্রায় দুইশর কাছাকাছি। অজস্র ভোরের নিয়ন আলোর কারণে দীপাবলির মায়াময় শহরের মত মনে হচ্ছে। বিপ্লবের অশ্রুসজল চোখ আর ঢাকার ঘোলাটে আকাশ মিশে এখন একাকার। অল্প অল্প করে তার চোখ ভারী হয়ে আসে। মধ্যপ্রাচ্যের দেশগুলো থেকে যে শূন্য দৃষ্টি নিয়ে তারা এই ফ্লাইটে উঠেছিল, সেটা বদলে গিয়ে কি সেখানে স্বপ্নগুলো ফিরে আসতে শুরু করেছে?? চাপা একটা আনন্দ চারপাশে ছড়িয়ে পড়ছে। সবার চোখ বাইরের দিকে। নিচে মায়াভরা চোখে দেখছে মায়ের মত আপন দেশটাকে। এ মানুষগুলো হয়ত অনেক বছর ঝুম-ধরা বৃষ্টি দেখেনি। হেমন্তের শেষের

কানাডার দিনলিপি

দিকে শেফালী ফুলের যে গন্ধটা তাদের বাড়ির আঙিনায় ঘুরে ফিরে বেড়ায়, তারা সে গন্ধটাকে অনেক হয়ত বছর খুঁজে পায়নি, অনেকদিন হয়তো তারা জোনাকী পোকার ঝিকিমিকি আলোয় স্নান করেনি। দুর আকাশের তারা থেকে ভেসে আসা আলো আর চাঁদের আলো বাধ ভেঙ্গে জোৎস্নার অদ্ভুদ মিশেল হয়তো অনেকদিন স্পর্শ করেনি। বিপ্লবদের দলের যারা, ওরা অনেকেই ভূমধ্যসাগরের হিমশীতল পানি সাঁতরে ওপারে যেতে চেয়েছিল-একটা স্বপ্নের খোঁজে। তাঁরা কি জানতো এই ছোটখাট গরীব, মায়াবী দেশটা কতটা যত্ন নিয়ে আমাদের চোখে মুগ্ধতা এঁকে দিতে পারে? কতটা আবেগ নিয়ে জড়িয়ে ধরতে পারে জানালা দিয়ে দেখা বড়সড় আকাশটির মত?

কানাডার দিনলিপি

ধর্ম, সংবিধান এবং জাতীয়তাবোধ

ছবিসূত্র: ইন্টারনেট

বেশ কদিন আগের কথা। আমি গভীর ঘুমে। খুব ভোরে আমেরিকার মিসিসিপি অঙ্গরাজ্য থেকে আমার এক পরিচিত-এর ফোন। গলায় একই সাথে তীব্র উচ্ছ্বাস এবং চাপা ক্ষোভ!

-ভাই, খবর শুনেছেন?

- কি খবর?

-আমাদের তো শুয়াইয়া ফেলছে!

-কোথায় শুয়াইছে?

- সংবিধানে!

-কীভাবে শুয়াইছে?

রিপন দে

-সংবিধান পরিবর্তন করে দিয়েছে!

– সেটা তো ৮৮ সাল থেকেই শুয়ানো।

-এখন আরও পাকাপোক্ত করে শুয়াইয়া দিছে, ঘুমের ট্যাবলেট খাইয়ে শুইয়া দিছে !

-এখন আমার কি করণীয় ?

-আপনি ব্লগে-ট্লগে কিছু লিখেন।

-আমার লিখায় কি যায় আসে? ঘুম কি ভাঙ্গবে?

-না ভাঙ্গুক, তাও লিখেন। আমি মেইলে ডিটেল দিচ্ছি!

আমার এই পরিচিতের ঘুম ভাঙ্গাভাঙ্গির ব্যাপারে আমি কিছু করতে না পারলেও যে সে অসময়ে ফোন দিয়ে আমার সকালের আরামের ঘুমটা ভাঙ্গিয়ে দিয়েছিল সে বিষয়ে আমি নিশ্চিত, এবং কিঞ্চিৎ ক্ষুব্ধ। এই ফোনের দরুন, আমার পুরো সকালটাই নষ্ট!

১.

সেই নষ্ট সকালে আমার সদা সজাগ ল্যাপটপে উনার দুষ্ট মেইলটা পেলাম। মেইলে একটি খবরের কাগজে লিংক দেওয়া [১]। খবরটা পড়ে যা বুঝলাম, সংবিধান সংশোধনে বিশেষ কমিটি সংবিধানে রাষ্ট্রধর্ম “ইসলাম”, “বিসমিল্লাহ” এবং জাতির পিতা হিসেবে বঙ্গবন্ধু শেখ মুজিবুর রহমানের নাম অন্তর্ভুক্ত করার বিষয়ে একমত হয়েছেন। এ ছাড়াও নাগরিক হিসেবে “বাংলাদেশি ” এবং জাতি হিসেবে “বাঙালি” জাতীয়তাবাদ অক্ষুন্ন রাখার বিষয়েও অভিন্ন মত দিয়েছেন কমিটির সদস্যরা। প্রধানমন্ত্রী শেখ হাসিনার একান্ত ইচ্ছাতেই মোটামুটি এটা হয়েছে বলে এখানে উল্লেখ করা হয়েছে। পরিবর্তিত সংবিধান মোতাবেক ইসলাম রাষ্ট্রধর্ম হলেও বিশেষ

কমিটির সুপারিশে সকল ধর্মেরই সমান অধিকার থাকবে। হিন্দু, বৌদ্ধ ও খ্রিষ্টান ধর্মসহ অন্য সকল ধর্মই সমুন্নত রাখা হবে। এ বিষয়ে কমিটির সবাই প্রায় অভিন্ন মত দিয়েছেন।

২.

এখন প্রশ্ন হল, বাংলাদেশের "রাষ্ট্র ধর্ম ইসলাম" হলে কি বাংলাদেশ ইসলামি রাষ্ট্র হয়ে যাবে??? নাকি "ধর্ম নিরপেক্ষতা" হওয়া ততোধিক যুক্তিযুক্ত হবে? নাকি সংবিধান-এ বিষয়গুলো থাকাই থাকাই উচিত না? অনেকে এই তিনটা বিষয়কে বিভিন্নভাবে ব্যাখ্যা করবেন। ফেইসবুকেও আমাদের সংবিধানের মূল নীতিতে রাষ্ট্রধর্ম "ইসলাম" থাকবে না ধর্ম নিরপেক্ষতা" থাকবে এ বিষয়ে অনেকেই বিভিন্ন স্ট্যাটাস দিয়ে নিজের মতামত প্রকাশ করেছেন।

একথা সর্বজনবিদিত যে, ধর্ম নিয়ে আলোচনা অত্যন্ত স্পর্শকাতর একটা বিষয়। কিন্তু যখন এই বিষয়টি রাষ্ট্রের সামর্থ্যের সাথে মিশে যায়, জাতীয়তাবোধের সাথে অঙ্গাঅঙ্গিভাবে জড়িয়ে যায়, তখন দেশের একজন সাধারণ নাগরিক হিসেবে সবার মত আমারও এ বিষয়ে অভিযোগ, মতামত অথবা সুপারিশ করার অধিকার আছে।

একজন স্নেহময়ী মা কখনই তার নিজ সন্তানদের মধ্যে ভাগাভাগি করতে পারেন না, সকল সন্তানই মায়ের কাছে সমান, সকল ছেলে-মেয়েই সমপরিমাণ স্নেহের দাবিদার। কোন মা তার একটি সন্তানের নামে বিশেষ সুবিধা, একটি সন্তানের নামে বেশি সুবিধা প্রদান করতে পারেন না। আমার দেশ আমার কাছে দেশমাতা। আমার দেশমাতা আজ তার সন্তানদের আনুষ্ঠানিকভাবে পুনরায় বিভেদ করে দিচ্ছে অথবা তার ইঙ্গিত দিচ্ছে। সেখানে আবার হাস্যকরভাবে হিন্দু, বৌদ্ধ ও খ্রিষ্টান ধর্মসহ অন্য সকল ধর্মই সমুন্নত রাখার কথা বলা থাকবে। যে সংবিধান সবার মত আমারও পড়ার অধিকার আছে, আমি যখন আমার দেশের সেই সংবিধানটি পড়া শুরু করব তা "বিসমিল্লাহ" দিয়েই পড়া শুরু করতে হবে! পড়ার শুরুতেই আমাকে বুঝে নিতে হবে, এর রাষ্ট্রধর্ম ইসলাম, আমি এ ধর্মের না, আমি এর অনুসারী না! আমি নিজেকে মাইনরিটি হিসেবে বুঝে নিতে হবে!! সেখানে আমাকে

জাতীয়নীতিতে আনুষ্ঠানিকভাবে আলাদা করে ফেলা হয়েছে!! একদল মেজরিটি আরেকদল মাইনরিটি বলে ভাগ করে ফেলা হয়েছে!! আর যেখানে সংবিধানের শুরুতেই একটি বিশেষ ধর্মকেই প্রাধান্য দিয়ে দেওয়া হয়েছে, সেখানে সকল ধর্মকেই সমুন্নত রাখার কথা কীভাবে বলা হচ্ছে? আজ আমি উচ্চ শিক্ষার্থে দেশের বাইরে অবস্থান করছি। দেশের ক্ষীণ উপকারে হলেও নিজেকে প্রতিষ্ঠিত করে তিলে তিলে গড়ে তুলছি। যোগ্য নাগরিক হয়ে নিজেকে তৈরি করে দেশে গিয়ে তার প্রতিদান করার কথা ভাবছি, একটু হলেও দেশের অগ্রগতিতে প্রয়োজনীয় ভূমিকা রাখার জন্য স্বপ্ন দেখছি। সেখানে আমার দেশমাতা সংবিধানে আমাদেরকে উপেক্ষা করে কি আমাদেরকে আলাদা করে দিচ্ছে না? আমাদেরকে সমাজের অগ্রগতিতে অসাম্প্রদায়িক শক্তি নিয়ে ঝাপিয়ে পড়ার পথ রুদ্ধ (বা অনুৎসাহিত) করে দিচ্ছে না? কই, দেশের মানুষ যখন মুক্তিযুদ্ধের অসম চেতনা নিয়ে জীবনবাজি রেখে ধর্মমত নির্বিশেষে মুক্তির সংগ্রামে ঝাঁপিয়ে পড়ে তখন তো কোন ধর্মচিন্তা মাথায় রাখে নি!

বর্তমান ভিন্ন ধর্মাবলম্বী সন্তানদের আত্মীয়-স্বজন যখন অনভ্যস্ত, কম্পিত হাতে বেয়নেটে গুলি ভরে সম দেশপ্রেম নিয়ে শত্রুদের মোকাবেলা করতে গিয়ে নিজের জীবন বিকিয়ে দিল, তখন তো এ ভূমিতে ৮৫% মুসলমান না ১৫% হিন্দু, এরকম সংখ্যাগত বিবেচনা আমলে/বিবেচনায় নেয়নি কেউ [২] আর যদি কোন ধর্মচিন্তা থেকেই থাকে তখন, সেই ধর্মের নাম ছিল "মুক্তি", মুক্তি ধর্ম নিয়েই সবাই ঝাপিয়ে পড়েছিল, একযোগে, মুক্তিযুদ্ধের অপ্রতিরুদ্ধ সমান চেতনা নিয়ে। আমি যখন এদেশের হয়ে কাজ করব, দেশের প্রতিনিধিত্ব করব, তখন তো আমি ধর্ম চেতনাকে মাথায় নিয়ে করব না, করব একজন বাংলাদেশের নাগরিক হয়ে। তাহলে কেন, একটা দেশের সবচেয়ে বড় কেতাব- সংবিধানে একটা নির্দিষ্ট ধর্মকে প্রাধান্য দেওয়া হবে আর অন্যান্য ধর্মকে সমুন্নত রাখার শিশুসুলভ বুঝ দিয়ে আনুষ্ঠানিকভাবে উপেক্ষা করা হবে? একটু রাষ্ট্র কেন তাদের নিজের সবচেয়ে বড় অংশ জনগণকে নিজেই ভাগ করে দিবে? একটা রাষ্ট্রের একটা বিশেষ ধর্মের প্রতি আনুগত্য প্রকাশ করা মানে ওই ধর্মালম্বালীদের হাতে ৫১/৪৯ (আদতে পুরোটাই)

ক্ষমতা তুলে দেওয়া। বংশপরিচয় দেখে যেমন চরিত্র আন্দাজ করা না, প্রতুলতা দেখে যেমনি শক্তিমত্তা নির্ধারণ করা যায় না, তেমনি কোন ধর্ম সংখ্যাগরিষ্ঠ এটা দেখেও ধর্মের মাপকাঠি নিরূপণ করা যায় না।

অন্যদিকে, রাষ্ট্র আবার ধর্মভিত্তিক রাজনীতির বিপক্ষে। যেখানে সংবিধানই ধর্মপুষ্ট, সেখানে ধর্মভিত্তিক রাজনীতি থাকতে দোষটা কোথায়? সংবিধান তো ধর্মের পক্ষে। তাছাড়া বাংলাদেশ তো গণপ্রজাতন্ত্রী রাষ্ট্র, ইসলামি প্রজাতন্ত্র নয়! তাহলে কেন গণতন্ত্র অর্থাৎ সমান অধিকার, সমান পৃষ্টপোষকতা নির্ধারণ করা হবেনা। অনেকে বলছেন, ৮৫% মুসলমান বলেই মুসলমান রাষ্ট্র স্বীকৃতি দেওয়া দরকার। কিন্তু, সংবিধান তো শুধু ৮৫% এর না, এটা পুরো ১০০% এর, সেই ১৫% বাদ যাবে কেন? তাহলে সমান মূল্যাযণ অর্থাৎ গণতন্ত্র কীভাবে নিশ্চিত হল?

কেউ কেউ বলছেন, এতদিন তো রাষ্ট্রধর্ম ইসলামই ছিল, কই এতদিন তো কেউ কোনো কথা বলেনি? অথবা এতদিন তো কারো কোনো সমস্যা হয়নি! তাদের উদ্দেশ্যে বলব, আমরা অতীত থেকে অবশ্যই শিক্ষা নেবো। কিন্তু তার মানে এই নয় যে অতীতকে আঁকড়ে ধরে বসে থাকতে হবে! “ঘরের খেয়ে বনের” আর “দুনিয়ার খেয়ে আখিরাতের” মোষ তাড়ানো দুটোই অর্থহীন। অতীত থেকে শিক্ষা নিই কোনো ভুলকে ওমিট করতে, তাকে আঁকড়ে ধরতে নয়।

৩.

সকল রাজনৈতিক দলই নিজেদের জনসমর্থন বৃদ্ধি করতে ধর্মকে ব্যবহার করে আসছে। জিয়াউর রহমান সফলভাবে সংবিধানের মূল ৪ নীতির [৩] পরিবর্তন করে গেছেন। এরশাদ জিয়ার সেই পদাঙ্ক অনুসরণ করে “রাষ্ট্র ধর্ম” এনেছেন। তাদের উদ্দেশ্য একটাই ছিল, সহজে সংখ্যায় সর্ববৃহৎ ধর্মভীরু মধ্যবিত্ত সমাজের আস্থা অর্জন! সম্প্রতি হাইকোর্ট সামরিক আইনে ৮৮ এর সংবিধান পরিবর্তন এবং তত্ত্বাবধায়ক সরকার প্রবর্তনকে অবৈধ ঘোষণা করেছে [৪] সে সূত্রেই ৭২ এর সংবিধান পুর্নবহাল থাকবে। একথা সবাই জানেন, ৭২ এর সংবিধানে রাষ্ট্রধর্ম বলে কিছু ছিল না। সেখানে ধর্ম-বর্ণ নির্বিশেষে সকলের সমান অধিকার নিশ্চিত করা

হয়েছিল। তাহলে এরশাদের রাষ্ট্রধর্ম ইসলাম প্রবর্তন অবৈধ! আর তাই অবৈধ একটা রাষ্ট্রীয় নীতি কেন বহাল থাকবে? আমাদের অস্থির রাজনৈতিক পরিমণ্ডলে বেশিরভাগ সময়ই জনমত সঠিকভাবে প্রতিষ্ঠা পায়না। এটাও তখন পায়নি। এখন সুযোগ এসেছে বলেই কথাগুলো তুলে ধরা হচ্ছে। এরশাদ অসাংবিধানিকভাবে এ কাজটি করে আমাদের মুক্তিযুদ্ধের চেতনাকে ভূলুণ্ঠিত করেছে। এখন সুযোগ এসেছে বলেই এখন আবার ফিরিয়ে আনা উচিত। আবার কেউ কেউ বলছেন, রাষ্ট্রধর্ম ইসলাম থাকা সত্ত্বেও তো কোন সমস্যা হচ্ছে না, তাদের উদ্দেশ্যে বলব, একজন বাবা যখন নিজের সন্তানের সাথে একজন পালক সন্তানও পালেন, তখন আর্থিকভাবে সমান সহযোগিতা করলেও প্রয়োজনের সময় অথবা বিশেষ মুহূর্তে দুটি সন্তানের মধ্যে একজনকে বেছে নিতে বলা হলে ঠিকই নিজের সন্তানকে বেছে নিবেন। এখানে প্রশ্ন হল আনুষ্ঠানিকতার, বৈধ স্বীকৃতির। বিশেষ কোন রাজনৈতিক দুর্যোগের সময় ঠিকই বাংলাদেশ সরকার কনস্টিটিউশনে উল্লিখিত ধর্মের প্রতি বায়াস বা দুর্বলতা প্রকাশ করতে দায়বদ্ধ থাকবে। যে-সব প্রসঙ্গে "একটি" ধর্ম বেছে নেওয়ার প্রশ্ন আসবে রাষ্ট্র তখন ঠিকই সংবিধান সংবলিত ধর্মকেই বেছে নিতে বদ্ধপরিকর থাকবে।

আজ ভারতে ৮৬% হিন্দু থাকা সত্ত্বেও ভারত সেক্যুলারিজম সংবিধিতে (Sovereign socrialist secular democratic republic country) [৫] তাদের কোনো সমস্যা হচ্ছে না। [প্রসঙ্গত: ভারত সেক্যুলার দেশ হওয়া সত্ত্বেও মুসলমানদেরকে ঠিকই মাইনরিটি হিসেবে পরিগণিত করা হয়, যা অবশ্যই গণতন্ত্রের পরিপন্থি! যা আমি ব্যক্তিগতভাবে কখনই সাপোর্ট করিনা] তাছাড়া রাষ্ট্র যেহেতু নামাজ, রোজা, হজ্জ, কিছুই পালন করেনা, আবার পুজাও করে না, আবার রাষ্ট্রকে যাকাত দিতেও দেখিনি, আবার অঞ্জলি নিতেও দেখি না। তাহলে রাষ্ট্রের আবার ধর্ম কী ?? রাষ্ট্রের মানুষগুলোর হাজারটা ধর্ম থাকতে পারে কিন্তু রাষ্ট্রের কেন?? ধর্ম থাকবে রাষ্ট্রের প্রতিনিধিদের! "সৃষ্টিকর্তার সিদ্ধিলাভ" -এর জন্য বিভিন্ন মাধ্যম আছে, বিভিন্ন ওয়ে আছে। বিভিন্ন ধর্মই এখানে বিভিন্ন মাধ্যম। যে কেউ তার ইচ্ছেমতো মাধ্যমে সৃষ্টিকর্তার সিদ্ধিলাভের চেষ্টা করার অধিকার আছে।

পদ্ধতিটা সঠিক এবং ওই ধর্মীয় নিয়ম মেনে হলেই হল। এখানে কারো হস্তক্ষেপ করা তার প্রাইভেসি লঙ্ঘন করার মধ্যে পড়ে, ব্যক্তি স্বাধীনতা খর্ব করার মধ্যে পড়ে। মানুষ জন্মসূত্রেই সাধারণত বাবা-মার ধর্মের অনুসারী হয়। কিন্তু তার মানে তাই না যে, তার ধর্ম পরিবর্তন করা অধিকার নাই? সবাই সবার সিদ্ধান্ত মোতাবেক মাধ্যম বেছে নিতে পারে, অন্তত সেই অধিকার তার আছে! সেটা যার যার নিজস্ব অধিকার। জন্মসূত্রে হিন্দু হওয়ায় হিন্দু ধর্ম নিয়ে তো লাফালাফি করার মানে নাই! মুসলমান ঘরে জন্ম নিলে মুসলমান হতাম। কিন্তু তখনও আমার পা-দুখানা বাংলার মাটিতে থাকত, তখনও তো আমি বাংলাদেশিই থাকতাম! একটি রাষ্ট্রের তার রাষ্ট্রপরিচালনা নীতিতে সেই ব্যক্তিগত বিষয় ("ধর্ম") কে বেধে দিবে কেন? রাষ্ট্রের মূলনীতিকে বিবেচ্য হবে "জাতীয়তাবোধ", "দেশপ্রেম"।

সেখানে ধর্মবোধকে সংযুক্ত করা কি অপ্রাসঙ্গিক নয়? আমি আগেই বলেছি "ধর্ম" বেশিরভাগ ক্ষেত্রেই মা-বাবা (জন্মসূত্রে) সূত্রে প্রাপ্ত [যদিও বীর্যের মধ্যে ধর্ম লিখা থাকে না], আর "জাতীয়তা" দেশ-সূত্রে অর্জিত। সেখানে দেশের পরিচালনা-নীতিতে বাবা-মা থেকে প্রাপ্ত বিষয়টিকে নিয়ে না আসাটাই কি যুক্তিযুক্ত নয়? একথা অনস্বীকার্য যে, সবাই যে যে ধর্মের অনুসারী তার প্রতিই বায়াস থাকবে। আমিও একটি বিশেষ ধর্মের বলে সেই ধর্ম নিয়ে কথা বলছি এটা এখানে ভাবার কোন কারণ নেই। আমি কোন বিশেষ ধর্ম নিয়ে কথা বলছি না, বলছি রাষ্ট্রের নিরপেক্ষতা নিয়ে, রাষ্ট্রের "ধর্ম বিষয়কে" উপেক্ষা করা নিয়ে। আমি নিজে সঠিকভাবে ধর্ম পালন করি বলে মনে করিনা। আমরা যারা এই ব্যাপারটা নিয়া বাড়াবাড়ি করছি তারাও সবাই ঠিকমতো নিজেদের ধর্ম পালন করে বলে মনে করি না। আমরা যেখানে নিজেদের ধর্মপালনে মনোযোগী নই, সেখানে একটি বিশেষ ধর্মকে রাষ্ট্র পরিচালনা নীতিতে সংযোজিত করা কতটা সমীচীন?

দেশের একজন ভিন্ন ধর্মাবলম্বীর রাষ্ট্রধর্ম ইসলাম!!!! আজকের এই বাংলাদেশে যদি অন্য ধর্মাবলম্বীরা সংখ্যাগরিষ্ঠ হত এবং সংবিধানের শুরুতে যদি সবাইকে তাদের ধর্মের মন্ত্র পড়ানো হত তখনও আমি এর তীব্র বিরোধিতা করতাম। একজন নির্দিষ্ট ধর্মের নাগরিক যখন চায় যে সংবিধানে রাষ্ট্রধর্ম থাকুক তার ধর্ম,

তার এটা ও মনে রাখতে হবে, একজন অন্য ধর্মাবলম্বীরা তার মত অধিকার আছে রাষ্ট্রধর্ম তার ধর্ম চাওয়ার। এখন সবার মতামতকে রাখতে হলে প্রত্যেক দলের জন্য আলাদা সংবিধানের ভার্সন করতে হবে। সেটা কি সমীচীন হবে? সবোর্পরী বলব ধর্ম একটা ব্যক্তিগত ইস্যু, এটাকে কনস্টিটিউটে না আনাটাই উচিত। যখন দেশের কথা আসে তখন আর তা শুধু একটি বিষয়ের উপর বা কারো ব্যক্তিগত ব্যাপার থাকে না। এখানে সবার সমান প্রাধান্য থাকে, একটা "সমমনা অ্যাজেন্ডা" থাকে, বলা হয় ধর্ম বর্ণ নির্বিশেষে একই লক্ষ্য এগিয়ে যাওয়া। ব্যক্তিগত ব্যাপারগুলো ব্যক্তি পর্যায়েই থাকা উচিত। আর ব্যক্তিগত ব্যাপারগুলোর স্বাধীনতা নিশ্চত করার দায়িত্ব রাষ্ট্রের। রাষ্ট্র সকল ধর্মালম্বীদের। রাস্ত্র কখনোই কোন ধর্মের লোকজনদের ধর্ম পালনে কোন নির্দেশনা দিতে পারেনা। রাষ্ট্রের জন্য তো ধর্ম নয়, মানুষের জন্য ধর্ম, সুন্দর আর শান্তির জন্য ধর্ম। একটি গণতান্ত্রিক রাষ্ট্রের সবসময় মত, দল, ধর্ম নির্বিশেষে সবকিছুর উর্দ্ধে উঠে নীতিমালা প্রণয়ণ করা উচিত। "ধর্ম ব্যক্তিগত আর রাষ্ট্র সামগ্রিক"।

৪.

আমার এক মুসলমান বন্ধুর কাছ থেকে শুনেছি, প্রিয় নবী হযরত মুহম্মদ (PUBH) মদিনার সনদে ধর্মঘনিষ্ঠ কোন শব্দ ব্যবহার করেননি, কারণ সেখানে অন্যান্য ধর্মমতের অনুসারীরাও ছিলেন বলে। একটা দেশ কখনও ধর্ম দিয়ে চেনা উচিত না, চেনা উচিত তার জাতি দিয়া। আর জাতি গঠিত হতে পারে ভিন্ন ভিন্ন ধর্মের মানুষ নিয়া। তাই শুধু সংখ্যাগরিষ্ঠ হওয়ার কারণে কোন ধর্মকে রাষ্ট্রীয় করা উচিত না। একজন ব্যক্তি ধর্ম নিরপেক্ষ না হইলে বড় জোর পরিচিত দুই একজন ক্ষতিগ্রস্ত হয়। কিন্তু একটা রাষ্ট্র যখন বলে বসে, আমার ধর্ম ইসলাম, সেই মুহূর্ত থেকে ঐ দেশের বাকি সকল ধর্মের মানুষ "দ্বিতীয় শ্রেণী নাগরিক" এ গণ্য করা হয়। একটা জাতি বা রাষ্ট্র তখনই সৃষ্টি হয়, যখন কিছু মানুষ একটা "common" বা সবার কাছে গ্রহণযোগ্য ধারণা /বিশ্বাস নিয়ে গড়ে উঠে। "বাংলার হিন্দু, বাংলার বৌদ্ধ, বাংলার খ্রিষ্টান , বাংলার মুসলমান- সবোর্পরী আমরা সবাই বাঙালি "-এটাই আমাদের কমন অ্যাজেন্ডা , সমমনা চেতনা। গণতান্ত্রিক ব্যবস্থায় রাষ্ট্রের মূল দায়িত্ব

তার সকল নাগরিককে সমান গুরুত্ব সহকারে পরিচালনা করা। কিন্তু রাষ্ট্র যদি নিজেই জনগণকে পৃথক "আমি মুসলিম" বলে পৃথক করে দেয়, তাহলে সমতা রইল কোথায়? আমরা তো কোনো বিশেষ পরিচয়ে মুক্তিযুদ্ধ করিনি। "হরে কৃষ্ঞ" বলে বা "আমরা ইসলামি" দিয়ে তো নয়। আমাদের এক কমন জাতিসত্তা দিয়ে, সমমনা দেশপ্রেম দিয়ে, আমাদের জাতিগত চেতনাবোধ- মূলত "বাঙালিত্ব" কে ধারণ করে। "আমাদের আগে জাতীয়তাবোধ, তারপরে ধর্ম"। রাষ্ট্রের সংবিধান রাষ্ট্রীয় বিশ্বাসের লিখিত রূপ সংবিধান রাষ্ট্র পরিচালনার মূলমন্ত্র সেই লেখাতে বাঙালি পরিচয়ই মুখ্য, ধর্ম নয়। "সেক্যুলারিজম" এখানে এই জন্যই গুরুত্বপূর্ণ এর মাধ্যমে আমি আমার কমন দৃষ্টিভঙ্গি "বাঙালিত্ব "নিশ্চিত করি এবং সেই সাথে রাষ্ট্রের সকল নাগরিকদের সম-অধিকার প্রাপ্য বলে সবাইকে স্বীকৃতি দেই। সবোর্পরী যদি সত্যিই আমাদের দেশ কে গণতান্ত্রিক দেশ হিসেবে প্রতিষ্ঠা করতে হয়, সবার জন্য সমান অধিকার বাংলাদেশের মূল লক্ষ্য হয়, তাহলে রাষ্ট্রধর্ম নির্ধারণ করা কখনই নিরপেক্ষ নয়, সেটা অবশ্যই পক্ষপাতদুষ্ট। "ধর্ম হবে যার যার, রাষ্ট্র সবার"।

৫.

ধর্মনিরপেক্ষতা কিন্তু ধর্মহীনতা নয়! তাছাড়া অনেকে বলেন সেক্যুলারিজম (Part of capitalism ideology) আর নিরপেক্ষতা একই জিনিস। সত্যিকারার্থে "সেক্যুলারিজম" "'Neutralization regards of any religion" নয়! সেক্যুলারিজম হল: "The belief that religion should not be involved in the organization of society, education etc" [6] অথবা, "Encarta dictionary: exclusion of religion from public affairs" [7] এই ধর্মনিরপেক্ষতাটাকে "ধর্মহীনতা" বলে দেশের বৃহৎ অশিক্ষিত/অর্ধশিক্ষিত জনগোষ্ঠীকে উসকানি দেয়ার তাই কোন মানে হয়না। রাষ্ট্র মানুষের ধর্ম পরিচয় দেখবে না, রাজনৈতিক কারণে ধর্মের অপব্যবহার করা যাবে না, এবং ধর্মের কারণে কাউকে বঞ্চিত করা হবে না কোনো নাগরিক অধিকার থেকে। এই বিষয়গুলোকে এক ভাষায় ধর্মনিরপেক্ষতা বলে, যেখানে রাষ্ট্র ধর্মবিশ্বাসের পরিচয়

না খুঁজে মানুষকে মানুষ হিসেবে স্বীকৃতি দিবে এবং তার নাগরিক অধিকারকে শ্রদ্ধা করবে। প্রকৃতপক্ষে, হিন্দু, ইসলাম, বৌদ্ধ, খ্রিষ্টান হল "ব্যক্তিগত", সেক্যুলারিজম হল "সমাজগত"!

"রাষ্ট্র ধর্ম ইসলাম" আর "ইসলামি রাষ্ট্র" এক কথা নয়। "ইসলামি রাষ্ট্র" মানে যে রাষ্ট্রে ইসলামি শরিয়া মোতাবেক শাসন ব্যবস্থা চালু আছে। সেখানেও অন্য ধর্মের মানুষ বসবাস করার অধিকার অর্জন করলেও তাদেরকে ইসলামি রাষ্ট্র পরিচালনা নীতি মোতাবেক চলতে বাধ্য করা হবে! "ডেমোক্রেসি এডমিনিস্ট্রিসন সিস্টেমে" যা কখনই পড়ে না!! আর "রাষ্ট্র ধর্ম ইসলাম" মানে ওফিসিয়ালী জাতিকে বলে দেওয়া যে, রাষ্ট্র একটি নির্দিষ্ট ধর্মের অনুসারী অথবা কখনও কখনও পৃষ্ঠপোষক। আর "সেক্যুলারিজম রাষ্ট্র" হালো রাষ্ট্র তার নাগরিকের ধর্ম বিশ্বাসের উপর হস্তক্ষেপ করবেনা, এই নীতির একটি আনুষ্ঠানিক স্বীকৃতি। কিন্তু মনে রাখতে হবে যে, রাষ্ট্র কোনো বিশেষ ধর্মের পৃষ্টপোষক হলে এই হস্তক্ষেপের সুযোগটা থেকেই যায়!! একটি গণতান্ত্রিক সমাজ ব্যবস্থায় এই সুযোগ দেয়াটা কতটুকু যুক্তিযুক্ত? আমাদের দেশে "রাষ্ট্র ধর্ম ইসলাম" থাকলে হয়ত "ইসলামি রাষ্ট্র" হয়ে যাবে না ঠিকই, কিন্তু এই সুযোগের দ্বারটা খুলে দেয়াটা কি সমীচীন ? দুজন ভিন্নধর্মালম্বী মানুষের প্রাত্যহিক জীবনের প্রার্থনার একান্ত সময়টুকু বাদ দিলে, জীবন সংগ্রামে আর কোন পার্থক্য পাওয়া যায় কি? বিশ্বের বেশিরভাগ দেশই এতোদিনে ধর্মচিন্তা বাদ দিয়েছে, এশিয়াতেও আশাকরি মানুষ বুঝবে জীবনে আসলে পার্থক্য আনার চেয়ে ভালবাসা আনা বেশি জরুরি। সংবিধানে ইসলাম, হিন্দু, বৌদ্ধ, জৈন যাই রাখা হোক না কেন তাতে বাংলাদেশের আর্থ সামাজিক অবস্থা পরিবর্তনে কি আসবে আর যাবে।

৬.

আওয়ামী লীগ এতে সম্মতি দিচ্ছে নিশ্চিতভাবেই নিজেদের আখের গোছাতেই ! আমার জানামতে আওয়ামী লীগ গঠনতন্ত্রেও রাষ্ট্রধর্মের কোনো উল্লেখ নেই। নির্বাচন এলে আওয়ামী লীগ তো অবশ্যই, পারলে কমিউনিস্ট পার্টিও ধর্ম বেচে ভোট পাওয়ার সুযোগ হাতছাড়া করবে না। এত সহজে ভোটের ধানভরা জমিন দখলে নেওয়ার সুযোগ আর কিসে পাওয়া যেতে পারে? ধর্মভিত্তিক রাজনৈতিক

কানাডার দিনলিপি

দল জামায়াতে ইসলামি তো এর উপর ভর করেই জীবিত! বাংলাদেশের মেজরিটিই গ্রামবাসী, দারিদ্রসীমার নিচে। আমি নিজে যখন বন্ধুদের নিয়ে গ্রামে যাই, তখন দেখি আমার শিক্ষিত বন্ধুরা গ্রামের সহজ-সরল লোকদের খুব সহজেই প্রভাবিত করে ফেলতে পারে। যাই বলে, তারা তাই বিশ্বাস করে নেয়, সেখানে সরলতা তাদেরকে বিট্রে করে। আমাদের রাজনীতিবিদরা এই সুযোগকে কাজে লাগায়। ধর্মকে পুঁজি করে ব্যবসা করাটা খুব সহজ হয়ে যায় তখন! বাংলাদেশে কারণ প্রতিটি রাজনৈতিক দলের জন্যই ধর্ম একটি অতি গুরুত্বপূর্ণ হাতিয়ার। এর সঠিক ব্যবহার তারা করবেই। ভোটের আগে দুই নেত্রী পাল্লা করে মাথায় কাপড় দেয়া শুরু করে – ধর্ম বলতে সম্ভবত আমাদের নেতারা এবং একটা বিশাল অংশ শুধু এটুকুই বুঝি। মৌলবাদীরা তো এ সুযোগের উপরই নির্ভরশীল।

যদি রাষ্ট্রই ধর্মনিরপেক্ষ না হয় তাহলে কীভাবে ভিন্ন ধর্মাবলম্বী দুটি বন্ধু ধর্মনিরপেক্ষভাবে কাজ করবে?? এভাবে দেশকে কতটুকু সহায়কভাবে সাম্প্রদায়িকহীন পদ্ধতিতে এগিয়ে নেয়া সম্ভব? সম্ভব তো হবে কেবল একই চক্রে বারবার পাক খাওয়া। সর্বশেষে এটাই বলব, রাষ্ট্রকে ধর্মমুক্ত রাখা হোক, অর্থাৎ ধর্মকে রাষ্ট্র থেকে যত দূরে পাঠানো হবে ততই তো মঙ্গল, সেটা হওয়া উচিত সময়ের দাবি শুভত্ব আর শুভ্রত্ব দিয়েই ঋদ্ধ হোক সকলের জাতীয়তাবোধ।

৭.

আরেকটি কথা, নতুন সংবিধানে, নাগরিকত্বের ক্ষেত্রে 'বাংলাদেশি ঠিক থাকবে। তবে জাতীয়তাবাদ 'বাঙালি হবে। আবার জাতির পিতা হিসেবে শেখ মুজিবের নাম বহাল থাকবে। জাতীয়তাবাদ বাঙালি মানে তো সকল বাঙালি, সেখানে পশ্চিমবঙ্গ, পূর্ববঙ্গ সবাই ইনক্লুডেড। বাঙ্গালি জাতির ইতিহাস তো ৪০ বছরের নয়, সেটা হাজার বছরের। এই হাজার বছরের ইতিহাসে অনেক সুযোগ্য ব্যক্তিত্ব আছেন, সকলকে কি বিবেচ্য করা হয়েছে ? নাকি শুধু ১৯৭১ পরবরর্তী সময়কালীন বাঙ্গালীদেরই সম্পৃক্ত করা হয়েছে?? ব্যক্তিগতভাবে তো, আমি জাতীয়তা "বাংলাদেশি " থাকার পক্ষে!

কানাডার দিনলিপি

পরিশেষে কবিগুরুর গীতাঞ্জলি কাব্যগ্রন্থের [৪] কয়েকটি চরণ দিয়েই শেষ করছি:

মোর মরণে তোমার হবে জয় ।
মোর জীবনে তোমার পরিচয় ।
মোর দুঃখ যে রাঙা শতদল
আজি ঘিরিল তোমার পদতল,
মোর আনন্দ সে যে মণিহার
মুকুটে তোমার বাঁধা রয় ।
মোর ত্যাগে যে তোমার হবে জয় ।
মোর প্রেমে যে তোমার পরিচয় ।
মোর ধৈর্য তোমার রাজপথ
সে যে লঙ্ঘিবে বনপর্বত,
মোর বীর্য তোমার জয়রথ
তোমারি পতাকা শিরে বয় ।।

[গীতাঞ্জলি , ১৯১৪]

–এই পতাকা শিরে থাকুক সকল বাংলাদেশির , আর সেটা হোক সমান জাতীয়তাবোধে। ধর্ম-বর্ণ নির্বিশেষে, সকলের শুভকামনায়!

তথ্যসূত্র:

1. Manabjomin, 16 February 2011
[http://www.mzamin.com/index.php?option=com_content&view=article&id=2964:2011-02-15-16-43-05&catid=48:2010-08-31-09-43-22&Itemid=82].
2. Bangladesh statistical info system, Bangladesh statistical board.
3. The Bangladesh Constitution and Its Context, Khijir Khan.

4. Prothom Alo, June 2010
5. Wikipedia, "India"
6. Oxford dictionary
7. Encarta dictionary
8. Gitali, Rabindranath Tagore, 1914.

কানাডার দিনলিপি

দুটি দেশের পতাকা ও একটি বিজয়

স্থান: অন্টারিও, কানাডা | সময়: মে ২০১৪

ছবিসূত্র: ইন্টারনেট

আজ বাংলাদেশে বিজয় দিবস।

চলুন আজ না হয় একটি ভিন্ন দেশের গল্প বলি। না বাংলাদেশ না, ভিন্ন একটি দেশ। সেই দেশটির চমৎকার, সুন্দর একটি পতাকা আছে। সেই দেশের পতাকাটি আকাশ থেকে ধরে আনা 'তারা' দিয়ে বানানো। শুধু তাই না, সেখানে আকাশের সুন্দর 'চাঁদ' কে বসিয়ে সৌন্দর্যকে আরও হাজার গুন বাড়িয়ে ফেলা হয়েছে। পতাকাটি দেখতে তাই ভয়াবহ সুন্দর লাগে!

সেই দেশের কিছু মজার মজার ঘটনাও(!) আছে! যেমন:

১. সেই দেশের মানুষগুলা একবার একটি নিরপরাধ ভূ-খণ্ডের উপর ঝাপিয়ে পড়ে দুই লাখ মেয়েদেরকে ধর্ষন করে ফেলে। সেই ধর্ষনগুলো তারা সেক্সের "অরগাজম" পাওয়ার জন্য করে নাই! করেছিল তাদের জারজ সন্তানগুলো দিয়ে

ওই ভূ-খণ্ডটাকে ভরিয়ে ফেলার উদ্দেশ্যে। তাদের জীনগুলোকে ওই জায়গায় স্টাবলিশ করার উদ্দেশ্যে!

২. নয় মাসের কাছাকাছি সময়ে তারা প্রায় হেরে যাচ্ছিল। ১৬ই ডিসেম্বর হয়তো পরাজয় মেনেই নিতে হবে, এরকম অবস্থা। তাদের মাথায় একটি অভিনব আইডিয়া খেলে গেলে! ওই 'মাজা' টা ভেঙ্গে ফেললে কেমন হয়? যাতে তারা কোনোদিন আর দাঁড়াতে না পারে! যেই ভাবা সেই কাজ। তারা একরাতেই হাজার মেধাবী সন্তানদের ধরে ধরে এনে ব্রাশফায়ার করে ফেলে দিল।

৩. মার্চের ২৫ তারিখ কাউকে না জানিয়ে ঝাপিয়ে পড়ার পড়েছিল তারা। কিন্তু দিনের আলোয় নয় কেন? কারণ এতে বেড়া চেড়া হতে পারে। রাতের বেলাই তো ভাল! ঘুমন্ত মানুষের উপর ঝাঁপিয়ে পড়ে নিরিবিলি মানুষ মেরে ফেলা যাবে ইজিলি!! তারা সেই ইজ ওয়েতে ত্রিশ লাখ মানুষ মেরে ফেলে নয় মাসে।

৪. প্রায় ৭ কোটি মানুষকে জোর করে উর্দু শিখিয়ে ফেলাতে চেয়েছিল তারা। রাজি হয়নি বলে মিছিলের মধ্যে ব্রাশফায়ার করে দিয়েছিল নির্বিচারে।

এরকম শত শত ঘটনা আছে এই দেশটিকে নিয়ে। সেই দেশটির নাম পাকিস্তান যাদের গর্ব করার মত এরকম অনেক অনেক বীভৎস (!) ইতিহাস আছে।

এবার আরেকটি দেশের গল্প বলি। সেই দেশের পতাকাটি আকাশ থেকে ধরে আনা তারা দিয়ে বানানো নয়! সেখানে "ঈদের চাঁদকে " বসিয়েও সৌন্দর্য বাড়ানোর চেষ্টা করা হয়নি। সেই দেশের পতাকাটি সবুজ ঘাসের মধ্যে একটি বড় বৃত্ত দিয়ে বানানো। সেই বৃত্তটি মানুষের রক্ত দিয়ে রাঙানো , তাজা রক্ত। সেই রক্তের তাজা গন্ধ এখনো পতাকা শুঁকলে পাওয়া যায়। রক্ত মানে নৃশংসতা। নৃশংসতা কখনও সুন্দর হতে পারে না বলে, এই পতাকাটিও তাই তাদের কাছে তাড়া খচিত পতাকাটির মত সুন্দর না।

কিন্তু উপরের দেশটির মত এই দেশেরও কিছু কিছু ঘটনা আছে:

কানাডার দিনলিপি

১. একাত্তর সালে এই ভূখণ্ডটি গামছা মাথায় দেওয়া পোলাপানদের দিয়ে যুদ্ধ করিয়ে ভুখন্ডটিকে একটি 'সার্বভৌম দেশ' বানিয়ে ফেলেছে। ছোটখাট একটি ভূখণ্ড, গরীব গরীব মানুষ। কিন্তু সেই গরীব গরীব মানুষগুলোর বড় বড় 'তেজ'। আমেরিকার রণতরি , ইউরোপের চোখরাঙানি , কিছুকেই পাত্তা টাত্তা দেয়নি তারা। জোর করে ঠিকই একটি লাল-সবুজ পতাকা বানিয়ে ফেলা হয়েছে, না খেয়ে, না ঘুমিয়ে।

২. আজ ৪২ বছর পর। ২০১৩ সাল। আরেকটা যুদ্ধ লাগে! আলবদর বিচার যুদ্ধ। ছোট ছোট পোলাপানদের সাথে আবারও বড় বড় নরপিশাচদের যুদ্ধ। এখানেও আমেরিকা চোখ লাগায়, ইউরোপ চোখ রাঙ্গায়, জাতিসংঘ বাধ সাজে। তাতেও কিছু হয়না, এক রাতেই এই দেশের এক শেখের বেটি আইনের স্বচ্ছতা আবার ঘেটে-ঘুটে দেখে নিয়ে রায়টা কার্যকর করে ফেলে। বুকের পাঠা উপর করে তুলে ধরে আবারও সবাই।

৩. যেই রাজাকার শকুনগুলোর জন্য লক্ষ শহিদ মুক্তিযোদ্ধারা মৃত্যুর পরে কবরও পায় নি তাকে (কাদের মোল্লা) এই দেশ তার মাটিতেই কবর দিয়ার মহানুভবতা দেখিয়েছে।

সেই দেশটির নাম 'বাংলাদেশ'। আমাদের প্রাণের দেশ। আজ সেই দেশটির বিজয় দিবস। সেই বিজয় দিবসে পতাকার এক লড়াইয়ে আজ আমরা আবারও সেই দেশকে হারিয়ে দিয়ে গড়ে তুলি এক বিশ্ব রেকর্ড!!

স্যালুট সকল তেজি বাংলাদেশিকে স্যালুট লাখো তরুণ কমরেডকে, স্যালুট সাত বীরশ্রেষ্ঠকে!

বিজয় দিবসের শুভেচ্ছা!

বাংলাদেশে কোটা আন্দোলন

স্থান: ভেঙ্কুভার, কানাডা | সময়: জুলাই ১৭, ২০২৪

বাংলাদেশে চলছে তীব্র আন্দোলন। বহুদিনের জমে থাকা ক্ষোভ যে কত ভয়ংকর হয়, তা এখন হাড়ে হাড়ে বোঝা যাচ্ছে! অধিকার না দিলে অধিকার কেড়ে নিতে হয়, এটাইতো শেখা এই নতুন প্রজন্মের।

১। একটা ছোট ভিডিও ক্লিপ এ দেখলাম,

"রাজাকার" ছাড়াও আরেকটা শব্দ রাতের মিছিলে ওরা বলেছে। সেটা নিয়ে মনে হচ্ছে সবাই চুপ, শব্দকে অদৃশ্য করে করে দেয়া হয়েছে।

স্বৈরাচার! স্বৈরাচার।

রাজাকার শব্দের ব্যবহার নিয়ে বহু ব্যাখ্যার সুযোগ আছে, সবাই সেই সুযোগটা নিচ্ছেও। কেউ বলছে, রাজাকার, দেশ ছাড়। কেউ বলছে, যারা বৈষম্য সৃষ্টি করতে চায়, তারাই আজকের রাজাকার।কিন্তু ওই অদৃশ্য এই অমোঘ শব্দটা নিয়ে কোন পক্ষের কোন মতভিন্নতা নাই। এর মানে নিয়ে কোন বিতর্ক নাই... !

"তুমি কে? আমি কে?

রাজাকার! রাজাকার!

কে বলেছে? কে বলেছে?

স্বৈরাচার! স্বৈরাচার।"

সকল ছাত্রছাত্রীরা তাদের এই সমীচীন এবং ন্যায্য দাবির "বিপক্ষ গুষ্টিদেরকে" কি স্বৈরাচার শব্দে আখ্যায়িত করছে না?

তাদের এই ন্যায্য দাবির পক্ষের আন্দোলনে কি এভাবেই লাঠিপেটা, টিয়ার গ্যাস, গুলি ছুড়ে আন্দোলনের ময়দান কে রক্তাক্ত করতে হবে?

এরাতো আমাদের শত্রু নয়, যে মেরে-কেটে এদের এভাবে থামাতে হবে। এভাবে এটাকে সাময়িকভাবে দমানো গেলেও তাদের মনে কি আজীবনের জন্য আমাদের নীতি-নির্ধারকদের প্রতি বিরূপ মনোভাবের জন্ম হবে না!

২। কোটার একটি বিষয় নিয়ে কথা বলা সমীচীন, আমাদের দেশে কোটা কি একবারই ব্যবহার করা হয়? মাল্টিপল টাইম কি ব্যবহার করা হয় না?? একটা বৈষম্য-সুবিধা কি মাল্টিপল টাইম কি ব্যবহার করা উচিত?

একটা বিশ্ববিদ্যালয় শিক্ষার্থী যখন বিশ্ববিদ্যালয়ে ভর্তি হয়, তখন একটা কোটা ব্যবহার করছে, সেই একি শিক্ষার্থী যখন বিসিএস এ অবতীর্ণ হয়, তখনও একি কোটা ব্যবহার করতেছে, আবার চাকরি পদোন্নতি পাওয়ায় এর ক্ষেত্রে আবারও একি কোটা ব্যবহার করতেছে, আমাদের সংবিধানের মানদণ্ডে যেখানে ছিল, যারা "অনগ্রসর গোষ্ঠী" তারাই শুধু কোটা পাবে, অর্থাৎ শুধু "পিছিয়ে পড়া জনগোষ্ঠির" প্রতি সাম্যতা বিধান করতেই সাধারনত কোটা প্রথা চালু হয়েছে।

কিন্তু যারা একবার কোটা তালিকায় ইউনিভার্সিটি তে ভর্তি হওয়ার সুযোগ পেয়ে যায়, নিজেকে সুযোগ্য/প্রতিষ্ঠিত নাগরিক হিসেবে গড়ে তুলে, তারা কি আর ভবিষ্যতে "অনগ্রসর গোষ্ঠীর" মধ্যে পরে? একি মানুষ কেন বার বার একি সুবিধা পাওয়ার সুযোগ পাবে? ক্লাস টেন থেকে কি সরকারি কর্মক্ষেত্র পর্যন্ত একি সুবিধা ব্যবহার করে যেতে হবে?

শুধু বিশ্ববিদ্যালয় কেন, দেশের নামিদামি স্কুলগুলোর প্রথম শ্রেণীতে ও কলেজে ভর্তির সময়ও সেই একই ব্যক্তির অবিরাম কোটা সুবিধার আওতায় আসার সুযোগ থাকে যা সাধারণ ছাত্র-ছাত্রীদের জন্য "চরম বৈষম্যমূলক" ব্যবস্থা বলে মনে করি।

৩। আমাদের মহান মুক্তিযোদ্ধারা যুদ্ধের ময়দানে ঝাঁপিয়ে পরেছিলেন, দেশ স্বাধীন করতে। তাদের বংশধরদের, অথবা নাতিপুতিদের কোটা সুবিধা পাবার জন্য রক্ত দিয়ে দেশ স্বাধীন করেননি। সেই Intention-ও তাদের ছিল না।

আর মুক্তিযুদ্ধাদের সন্তানেরা যেখানে ইতিমধ্যেই কোটা সুবিধা গ্রহণ করে "অনগ্রসর গোষ্ঠী" থেকে "সুবিধাপ্রাপ্ত গোষ্ঠী" তে পরিণত হয়ে গিয়েছেন, তখন তাদের নাতীপুতিদেরকে এই সুবিধা আবারো প্রদান করা কি অতিরঞ্জিত না? একি ভাবে, এটাও কি "মাল্টিপল টাইম" ব্যবহার করা হচ্ছে না?

৪। তাছাড়া একটা মুক্তিযুদ্ধা পরিবারে যদি ৫ জন সন্তান থাকে, তাহলে তারা সবাই কি একি সুবিধা নিবেন? এর-কি "Well distribution" করা দরকার ছিল না?

সামগ্রিকভাবে, অবশ্যই আমি কোটা সংস্কারের পক্ষে, কোটার অবশ্যই প্রয়োজন, "মেধাবী"ও তো একটা কোটা। তবে সেটা হউক আলোচনা সাপেক্ষে, আমার ব্যক্তিগত মতামত কোটাপ্রথা শুধু প্রতিবন্ধী, ক্ষুদ্রনৃগোষ্ঠীর জন্য হউক।

মুক্তিযুদ্ধাদের নাতিপুতিদের জন্য কোটা রাখাটা মনে হয় হাস্যকর। বংশপরম্পরায় কৌটাপ্রথার কোনও প্রয়োজন নাই।নারী কোটারও দরকার নাই। মেয়েরা পড়াশোনা ভালো করে। কোটা মানে করুনা। সমন্বিত ভাবে সকল বিভাগে মোট কোটা ১০ % এর বেশি থাকা কোন ভাবেই সমর্থন করা যায় না।

একটা সময় যখন মুক্তিযোদ্ধাদের অধিকাংশই ছিল "অনগ্রসর" তখন সাময়িকভাবে সেটার দরকার ছিল। কিন্তু প্রজন্মের পর প্রজন্ম এটা অবশ্যই উচিত নয়। তাই এর সংস্কার আবশ্যিকভাবেই "যুগের প্রয়োজনেই" প্রয়োজন। একটা ক্ষুদ্র অংশ

থাকুক প্রতিবন্ধী ও উপজাতিদের জন্য। বাকিটা শুধু মেধাবীদের জন্য হলে জাতি অনেক এগিয়ে যাবে, দেশ অনেক এগিয়ে যাবে। সেটাইতো আমাদের মহান মুক্তিযোদ্ধাদের স্বপ্ন ছিল, একান্ত চাওয়া ছিল। নাতিপুতিদের কোটা-ফুটা দিয়ে দেশকে পিছিয়ে নেওয়ার স্বপ্ন তো মুক্তিযোদ্ধাদের ছিল না!

কোটা সংস্কার শুধু একবারই না, এর সংস্কার "প্রতি বছর" অথবা নির্দিষ্ট সময় অন্তর অন্তর হউক।

Be Bold and definite!

কোটা আন্দোলন এবং আলোচনার প্রস্তাব

স্থান: ভাঙ্কুভার, কানাডা | সময়: জুলাই ১৮, ২০২৪

কাল রাতে জাতির উদ্দেশ্যে দেয়া ভাষণে প্রধানমন্ত্রী শেখ হাসিনা বললেন, আগামী ৭ আগস্ট কোটা সংস্কারের মামলা নিয়ে উচ্চ আদালত বসবে এবং তিনি আশাবাদী আন্দোলনরত শিক্ষার্থীরা সেদিন ইতিবাচক রায় পাবেন। কিন্তু তিনি আলোচনার কোনো প্রস্তাব দিলেন না। এটা কি আলোচনায় নিয়ে আসা জেত না তখনই?

আবার আজ দুপুরে আইনমন্ত্রী বললেন, আগামী রোববার আদালত যাতে এই মামলার রায় দেন সেই ব্যবস্থা নিতে তিনি এটর্নি জেলারেলকে নির্দেশ দিয়েছেন এবং সরকার শিক্ষার্থীদের সাথে আলোচনায় বসতে রাজি। প্রশ্ন হলো, প্রধানমন্ত্রী কাল রাতে কেন এই কথাগুলো বললেন না? এতগুলো প্রাণ ঝরে যাবার পর কেন আলোচনার কথা বলা হলো, শুরুতেই কেন তাদেরকে আলোচনার জন্য ডাকা হলো না।

১৯৭১ এ ইয়াহিয়া খান যখন বললেন, "আমি সিদ্ধান্ত নিয়েছি, ১০ তারিখে রাউন্ড টেবিল কনফারেন্স ডাকব", তখন বঙ্গবন্ধু বললেন, কিসের বৈঠক বসবে, কার সঙ্গে বসবো? যারা আমার মানুষের বুকের রক্ত নিয়েছে, তাদের সঙ্গে বসবো?" তাহলে এখন প্রধানমন্ত্রী কিসের আলোচনায় বসতে চান? এগুলো কি প্রহসন না?

এই আন্দোলন কি এখন আর কোটা সংস্কারের মধ্যে সীমাবদ্ধ আছে? এই আন্দোলন কি এখন ক্ষমতালিপ্সু, সুবিধাবাদী ও সুযোগ সন্ধানী গোষ্ঠীর বিরুদ্ধে নাহ?

কানাডার দিনলিপি

মহামান্য রাষ্ট্রপতি জাতির কি কাজে আসলো? উনার কাজ কি? আইন বিভাগ,জাতীয় সংসদ, প্রধান বিচারপতি তাদের কাজ কি? দেশের চলমান সংকটে তাদের ভূমিকা কি ছিল?

তারা সবাই সরকার প্রধানের দিকে চেয়েছিল। সরকার এখন আপোষ করতে চায়। সংলাপ করতে চায় এবং এর সমাধান বের করতে চাই।

যেকোনো আন্দোলনকে জামাত-শিবির বিএনপি ও রাজাকারের তকমা দিয়ে দমন করার চেষ্টা চালানো সরকারের কমন পলিটিকালসূত্র। যা কোটা আন্দোলনে প্রয়োগ করার চেষ্টা। কিন্তু এইবার সূত্র ভুল জায়গায় প্রয়োগ হইছে।

এখন সরকার তড়িৎ গতিতে যে সংলাপের পদ খুলে দিয়েছে তা আগেও করতে পারত। ঘটনা অনেক দূর গড়িয়েছে। ১৯৫২ সালেও ছাত্রদের দমানো যায়নি। ২০২৪ সালের এটা চলমান থাকবে।

সরকার দায়িত্বশীল আচরণ করেনি। ছাত্রদের দমিয়ে রাখা যদি এতটাই সহজ হতো তাহলে আজকে রাষ্ট্রভাষা উর্দু থাকতো।

সবাইকে বলি, আপনি যেই দলই করেন না কেনো, সেটা আপনার ব্যক্তিগত পছন্দ। কিন্তু ন্যায়কে ন্যায় আর অন্যায়কে অন্যায় বলার সৎ সাহস থাকতে হবে। তা না হলে আপনি মানুষ তা মানতে কষ্ট হয়!

রিপন দে

কানাডার দিনলিপি

কোটা আন্দোলন- আপীল বিভাগ এর রায়

স্থান: ভাঙ্কুভার, কানাডা | সময়: জুলাই ২১, ২০২৪

অবশেষে, বাংলাদেশ হাই কোর্টের আপীল বিভাগ রায় দিয়েছে-

"৫ শতাংশ মুক্তিযোদ্ধা কোটা, ২ শতাংশ অন্যান্য কোটা, ৯৩ শতাংশ মেধা"।

'অন্যান্য' এর মধ্যে প্রতিবন্ধী এবং আদিবাসীদের ফেলা হয়েছে (ক্ষুদ্র নৃগোষ্ঠীঃ ১% তৃতীয় লিঙ্গঃ ১%)।

"প্রতিবন্ধী" কোটা কোথায়? সরকার তরিহরি করে রায় দিতে গিয়ে "প্রতিবন্ধী" কোটার কথা কি ভুলে গিয়েছে? নাকি আব্দুল কাদের সাহেব পরে এসে এটা ঠিক করে দিবেন?

সামগ্রিকভাবে কি "ভাল" হয়েছে বলে আপাতত আখ্যা দেয়া যায়? মেধাবীদের priority দেওয়াতে জাতি অনেক এগিয়ে যাবে, দেশ অনেক এগিয়ে যাবে। তবে কিছু বিষয় এখানে অবশ্যই উল্লেখ করা উচিত বলে মনে করিঃ

১. মুক্তিযোদ্ধারা তো এখন জীবিত নাই প্রায়, তাদের নাতিপুতিরা এখন, হাই কোর্টের আপীল বিভাগ রায়ে, পরের কত generation পর্যন্ত এটা চলবে এটার এটা clear direction থাকা উচিত ছিল, আমার জানার ভুল হতে পারে, আমি এর ক্লিয়ার ব্যাখ্যা কোথাও পাইনি রায়ের ফরমে। বংশপরম্পরায় কৌটাপ্রথার খুব একটা প্রয়োজনও ছিল না, থাকলে clear direction থাকা উচিত, যাতে পরবর্তীতে এটা নিয়ে আবার কোনও সমস্যা না হয়। তাছাড়া একটা মুক্তিযুদ্ধা পরিবারে যদি ৫ জন সন্তান থাকে, তাহলে তারা সবাই কি একি সুবিধা নিবেন কিনা, এর-কি "Well distribution" আছে কিনা, রায়ে এর একটা পরিষ্কার ব্যাখ্যা দরকার ছিল।

২. যেকোনো সমস্যাই আলোচনার মাধ্যমে সমাধান করা সম্ভব এবং এবারের কোটা সংস্কার আন্দোলনের শুরু থেকেই সবাই তা বলে আসছে। সরকার তা বিবেচনায় নিলে দেশ আজ এই ভয়াবহ বিপর্যয়কর পরিস্থিতির মধ্যে পড়তে হত না। কিন্তু ইতিমধ্যে সংঘর্ষ ও পুলিশের গুলিতে যে এতগুলো প্রাণ ঝরে গেল, এত মানুষ আহত হলেন, দেশজুড়ে সহিংসতায় যে এত সম্পদ ধ্বংস হলো, এর সঠিক বিচার সরকারের করা উচিত, পিছনের এই কালো থাবার, masterminds, রাঘববোয়ালদের জবাবদিহি করা উচিত।

৩. প্রশ্নফাস রুখে সরকার এর hardline থাকা উচিত সবসময়। প্রশ্নফাস দুর্নীতির চেয়ে "বড়" দুর্নীতি আর কোথাও হতে পারে না। পাশাপাশি, ঘুষ দুর্নীতি বন্ধ করাও সময়ের দাবি। দুর্নীতি দমন কমিশন কে আরও অ্যাক্টিভ হওয়া দরকার।

৪. বাংলাদেশের রাজনৈতিক সংস্কৃতির গোঁড়া থেকে সংস্কার হওয়া দরকার। অনেক অসঙ্গতি এখনো দৃশ্যমান, একটি জাতিকে মাথা উঁচু করে দাঁড়াতে হলে সুষ্ঠু গণতান্ত্রিক রাজনীতির সংস্কৃতির চর্চা করতে হবে, এর জন্য সুষ্ঠু পরিকল্পনা নিয়ে এগিয়ে যাওয়া দরকার।

৫. বিচার বিভাগ কতটা স্বাধীন এটা এখন প্রশ্নের সম্মুখীন! বিচার বিভাগের পরিপূর্ণ স্বাধীনতা এবং আইনের সফল প্রয়োগ এখন সময়ের দাবি।

৬. ধর্মনিরপেক্ষতা কিন্তু ধর্মহীনতা নয়! তাছাড়া মুক্তিযুদ্ধের অন্যতম একটি স্তম্ভ ছিল ধর্মনিরপেক্ষতা। রাষ্ট্রের কোন বিশেষ ধর্মের পক্ষ হয়ে কাজ করা উচিত না। সকল ধর্মের সমান অধিকার, যার যার বিশ্বাস কে যেমন সম্মান করতে হবে, তাঁদের অধিকারকেও মর্যাদা দিতে হবে। ধর্ম-ব্যবসা যাতে না হয় সেদিকে নজর দেওয়া উচিত।

৭. গণতান্ত্রিক ব্যাবস্থাকে ঢেলে সাজানো। অবাধ ও সুষ্ঠু নির্বাচনের পথ সব সময় খুলা রাখতে হবে।

স্যাটায়ার: ক্রোধ (কল্পচিত্র)

স্থান: অন্টারিও, কানাডা | সময়: ডিসেম্বর ১৬, ২০১০

সাল ২০৩০। ডিসেম্বর ১৬!

আজ আকাশ কালো মেঘে ঢাকা। মাথার অল্প উপর দিয়ে অসংখ্য শুকুনের আনাগোনা আজ। এক ঝাঁক কাকদের ভয়ার্ত চিৎকারে গা ছমছম পরিবেশ। দূর সীমানা থেকে কোনো এক অজানা আর্তচিৎকার ভেসে আসছে করুন স্বরে। কেমন এক অচেনা গুমোট ভরা আঁধার চারপাশে।

আজ জাতির ঘৃণা প্রকাশের দিন। তাই হয়ত প্রকৃতির এই অদ্ভুত , অজানা আচরণ ছেলে-বুড়ো-যুবক সবার ক্ষোভ প্রকাশের এক কাঙ্ক্ষিত দিন আজ। সবাই আয়োজন করে দল বেঁধে আসছে যার যার নিজস্ব, অনেকদিনের লুক্কায়িত ঘৃনা প্রকাশ করতে। এ সুযোগ এতদিন পায় নি যে কেউ! অনেকগুলো মূর্তি সাজিয়ে রেখেছে স্থানীয় প্রশাসন। সবগুলো মূর্তি কালো কাপড় দিয়ে মুড়া, কাপড়ের নিচেই তাদের পরিচয়। বিশেষ কারণে ঢেকে রাখা হয়েছে সবগুলো মূর্তি। একে একে দেশের সকল সুযোগ্য নাগরিক মূর্তিগুলোর সামনে এসেছে , আর পর্দা উল্টিয়ে পরিচয় জেনে তাদের সবচেয়ে ঘৃণিত মূর্তিটির উপর থু-থু ছিটিয়ে তাদের নিজ নিজ ঘৃণার প্রকাশ করছে। শিশুরাও কাজটা খুব আনন্দ নিয়েই করছে। এ এক অন্যরকম উৎসব মুখর গুমোট পরিবেশে ঘৃণা প্রকাশের আয়োজন। সবাই সবার এতদিনের সুপ্ত বিদ্বেষের বহি:প্রকাশ করতে পারছে আজ, তাও আবার সরকারী অনুমোদনে, এ যেন অনেকদিনের তীব্র বিস্বাদ উগড়ে ফেলা।

মূর্তিগুলোর চারপাশে আবজর্নার স্তুপ। সবচেয়ে নিকৃষ্টতম ঘুপটিতে রাখা হয়েছে

মূর্তিগুলো। সবাই নাকচাপা দিয়ে মূর্তিগুলোর পাশে আসছে আর সুপ্ত বিদ্বেষটি ঝেড়ে সরে যাচ্ছে একটি নির্দিষ্ট গন্তব্যে। কিন্তু এতগুলো মূর্তি থাকলেও একটি মূর্তির উপর সবাই থু-থু ছিটাচ্ছে। এমনকি শিশুরাও! এর কি কারন হতে পারে? এই একটি মূর্তিটির উপরই কেন সবার আক্রোশ থাকবে? নাকি অন্য কিছু? হতেও তো পারে এই একটির চারপাশেই কোন আবর্জনা নাই, রাখা হয়েছে সবচেয়ে পরিষ্কার স্থানে। কিন্তু না তো, সবগুলোর মত এই মূর্তিটির চারপাশেও তো নোংরা আর্বজনার স্তুপ, আর সেরকমই বিশ্রী দুর্গন্ধ! তাহলে আর কি কারন হতে পারে?

আকাশে এখনও শকুনেরা ছুটোছুটি করছে। আকাশ আরও ঘন কালো হয়ে আসছে। কাকেরা এখনও তাদের মত করে সহজাত চেঁচানো চেচিয়ে যাচ্ছে। এখনও দুরের কোন নগর থেকে এক অদ্ভুত আর্তচিৎকার ভেসে আসছে। কিছুক্ষনের মধ্যেই বৃষ্টি নামবে। হিমেল বাতাস দামাল বাতাসে পরিণত হচ্ছে। তীব্র বাতাসের ঝাপ্টা গায়ে লাগছে। অদ্ভুত এক অনুভূতি হচ্ছে, যে অনুভূতি অপার্থিব, যে অনুভূতির আবরণে একই সাথে ভিন্নরকম নির্লিপ্ততা এবং এক অন্য আঙ্গিকের প্রতিশোধের নির্যাস মেশানো। বাতাসের তীব্র ছটায় ওই বিশেষ মূর্তিটির কালো আবরণটি একটু একটু করে সরে যাচ্ছে! আবরনটি ক্রমাগত সরে যাওয়াতে মূর্তিটির সত্যিকারের প্রতিরূপের নামফলকটি একটু একটু করে ভেসে উঠেছে চোখের সামনে। নামটি এখন স্পষ্টভাবে পড়াও যাচ্ছে! নামফলকটির চারপাশে কিছুটা শ্যাঁওলা জমে আছে। তারপরও পড়া যাচ্ছে ভালোভাবে একটু চোখ আগলিয়েই পড়া যায় যায় নামফলকটির লিখাটা। গোটা গোটা অক্ষরে নামফলকে লিখা: “মাওলানা গোলাম আযম – গণহত্যার ঘাতক”, যার উপর আজ সবার সুপ্ত ক্রোধ ঢেলে দেওয়া!

কানাডার দিনলিপি

মুক্তিযুদ্ধ, রাজনীতি, এবং একটি প্রজন্মের বিবেকের প্রশ্ন

স্থান: অন্টারিও, কানাডা | সময়: মার্চ ২০১৬

কয়েকদিন ধরেই ব্লগ ও সামাজিক যোগাযোগমাধ্যমে একটি বিতর্ক বিশেষভাবে আলোচিত হচ্ছে: বাংলাদেশিদের জন্য পাকিস্তানি ক্রিকেট দলকে সমর্থন করা কতটা যৌক্তিক বা নৈতিক? বিষয়টি নিয়ে ২৬ মার্চ এক গ্রুপ আলোচনায় আমি যুক্ত ছিলাম। সেখানে আবেগযুক্তি ইতিহাস সব মিলিয়ে গভীর বিতর্ক হয়। সেই দীর্ঘ আলাপচারিতার সারসংক্ষেপে উঠে আসা কিছু গভীর প্রশ্ন এবং বাস্তব উপলব্ধিকে আজ পাঠকের সামনে তুলে ধরছি।

একটি খবর, একটি ক্ষত – যে ক্ষত এখনো শুকায়নি

ঘটনা একটি পাকিস্তানি সংবাদপত্রে প্রকাশিত ছবি থেকে শুরু। সেখানে লেখা বাংলাদেশে পাকিস্তানের বিপুল সংখ্যক সমর্থক দেখে করাচিতে আনন্দ মিছিল হয়েছে। তারা বাংলাদেশিদের প্রতি কৃতজ্ঞতা জানিয়েছে। একটি স্বাধীন রাষ্ট্রের ভেতর তার আগ্রাসী হত্যাকারী রাষ্ট্রের প্রতি এমন উল্লাস ও সমর্থন কতটা স্বাভাবিক?

প্রশ্ন হলো এ কি শুধুই খেলার প্রতি ভালোবাসা, নাকি ইতিহাস আর জাতিস্মৃতির প্রতি অবহেলা?

খেলাকে কি ইতিহাস-বিচ্ছিন্ন করে দেখা যায়?

অনেকেই যুক্তি দেন: "খেলা আর রাজনীতি আলাদা।" কিন্তু যদি সেই খেলার পেছনে থাকে এক গণহত্যাকারী জাতি, যারা এখনো পর্যন্ত ক্ষমা চায়নি, তাহলে সেই সমর্থন শুধু খেলা নয়, ইতিহাসের পাতা ছিঁড়ে ফেলার মতোই।

কানাডার দিনলিপি

এক বন্ধু বললেন:
"তোমার ভেতর ধর্ম-রাজনৈতিক মানসিকতা আছে, তুমি এখনও অতীত থেকে বের হতে পারোনি।"

আমি তার জবাবে বলেছিলাম:
"আমি অন্ধ পাকিস্তান-বিরোধী না। তবে বাংলাদেশের বেলায় আমি অন্ধ। যে জাত আমাদের মা-বোনদের হত্যা করেছে, সেই জাতির প্রতি সমর্থন শুধুই বিবেকবর্জিত নয়, সেটা শহিদদের আত্মার প্রতি অবমাননা।"

আমি প্রশ্ন করেছিলাম:
"যদি আমার মা-বোনকে কেউ খুন করত, আর সে যদি মাঠে এসে খেলত, আমি কি তাকে সমর্থন করতাম?"

একটি জাতির নিরবতা, একটি রাষ্ট্রের দায়ভার

আরেকটি বন্ধুর মত ছিল "সব পাকিস্তানি তো দোষী নয়।" আমি তখন জোর দিয়ে বলেছিলাম "গণতান্ত্রিক রাষ্ট্রে জনগণ সরকারের চালিকাশক্তি।" তারা যদি কখনোই তাদের সরকারের উপর চাপ না দেয় ক্ষমা চাওয়ার জন্য, তবে সেই দায়ভার সমগ্র জাতির উপর বর্তায়।

আমরা তো নিজেরাই দেখি যখন দুর্নীতির তালিকা হয়, তখন বলা হয় 'বাংলাদেশ দুর্নীতিগ্রস্ত'। বলা হয় না, শুধুমাত্র 'বাংলাদেশের রাজনৈতিক মহল দুর্নীতিগ্রস্ত'। এক দেশের দায় বহন করে পুরো জাতি।

ঠিক তেমনি, ১৯৭১-এর দায় আজ পাকিস্তানিদের উপরই বর্তায় তাদের পূর্বপুরুষদের নয় শুধু, বরং বর্তমান জনগণ যারা এখনও রাষ্ট্রীয়ভাবে একটিবারের জন্যও 'সরি' বলেনি।

ইংল্যান্ডও তো আমাদের শোষণ করেছিল?

বন্ধুটি যুক্তি দিল "তাহলে ইংল্যান্ডকেও ঘৃণা করা উচিত, তারাও আমাদের রক্ত ঝরিয়েছে।"

আমি বলেছিলাম "ইংল্যান্ড একটা উপনিবেশিক শক্তি ছিল, তারা সামরিক যুদ্ধে লিপ্ত ছিল, কিন্তু গণহত্যা চালায়নি।" পাকিস্তান সেনাবাহিনী আমাদের সাধারণ মানুষের ঘরে ঘরে ঢুকে গণহত্যা চালিয়েছে। ভাষার জন্য মানুষকে মেরে ফেলেছে। পাকিস্তানের অপারেশন সার্চলাইট বা রাজাকারদের ধর্ষণ-মৃত্যুর কাহিনি নিছক ইতিহাসের গল্প নয় এটা আমাদের রক্ত-মাংসের স্মৃতি।

ক্ষমা চাওয়া ও ক্ষতিপূরণের প্রয়োজনীয়তা

আমার স্পষ্ট দাবি ছিল পাকিস্তানের জনগণকে তাদের সরকারকে বাধ্য করতে হবে ১৯৭১ সালের জন্য রাষ্ট্রীয়ভাবে ক্ষমা চাইতে। শুধু ক্ষমা নয়, যতটুকু সম্ভব ক্ষতিপূরণ দিতে হবে। তারপরই সম্পর্ক পুনঃবিবেচনার প্রশ্ন আসতে পারে।

এটা কেবল রাষ্ট্রীয় দৃষ্টিকোণ নয় ব্যক্তি বিবেকের প্রশ্ন। একটা দেশের জন্য অন্য দেশ গণহত্যা চালিয়েছে, আর আজ আমরা সেই দেশের ক্রিকেটারদের গালে তারা এঁকে সমর্থন করছি?

রাজনীতি, বিসিবি, আর ক্রিকেট আসলে আলাদা কিছু?

অনেকে বলেন ক্রিকেট রাজনীতিমুক্ত। অথচ আমাদের বিসিবি সম্পূর্ণ রাজনৈতিকভাবে পরিচালিত। আমাদের জাতীয় ক্রিকেট দলের সার্বিক তদারকি চলে রাজনৈতিক ছত্রছায়ায়। সুতরাং "ক্রিকেট রাজনীতি-বিচ্ছিন্ন" এই কথা নিজেই আত্মবিরোধী।

ঘৃণা নয়, ভালোবাসা চাই তবুও ইতিহাস ভুলে নয়

এক বন্ধু বলেছিলেন "ঘৃণা শুধু ঘৃণা জন্ম দেয়, ভালোবাসা দিয়েই সব জয় করা যায়।"

আমি জবাবে বলি:
"তুমি কি বলতে চাও, আমার মায়ের খুনিকে আমি ঘরে ডেকে বলব, চল অতীত ভুলে যাই?" এটা কি ভালোবাসা, নাকি কাপুরুষতা?

ভালোবাসার জায়গা অবশ্যই আছে। তবে ক্ষমা না পাওয়া অপরাধীর প্রতি ভালোবাসা না দেখিয়ে প্রথমে তার অনুতাপ দাবি করাটাই সভ্যতা।

পাকিস্তানি ক্রিকেটের সমর্থন: নাকি ভবিষ্যতের এক ঘৃণ্য আত্মবিক্রয়?

আমার ভয় একটাই আজ পাকিস্তানি ক্রিকেটকে সমর্থন, কাল পাকিস্তান রাষ্ট্রের প্রতি সহমর্মিতা। একদিন আমাদের ঘরে ঘরে উড়বে পাকিস্তানের পতাকা, শহিদের কবরের উপর আমরা আঁকব আলপনার তারা। এভাবে একদিন ইতিহাস উপহাসে পরিণত হবে।

উপসংহার: খেলাধুলার ছদ্মাবরণে ইতিহাস বিকৃতি নয়, চাই স্পষ্ট অবস্থান

সবার মত সমান নয়। কিন্তু একটি জাতির আত্মসম্মান ও সংগ্রামের ইতিহাস নিয়ে আপোষ করার সুযোগ নেই। পাকিস্তানি ক্রিকেটারদের সমর্থন না করাটা নিছক খেলার ব্যাপার নয় এটা একপ্রকার মৌন প্রতিবাদ। এক অনুশোচনাহীন রাষ্ট্রের প্রতি, যারা আজও আমাদের গণহত্যাকে স্বীকার করেনি।

কানাডার দিনলিপি

একটি প্রজন্ম হিসেবে আমাদের উচিত এই প্রতিবাদে শামিল হওয়া। যে দেশের মাটিতে আজো রক্ত লেগে আছে শহিদের, সেখানে পাকিস্তানি পতাকা নয়, শহিদের স্মৃতি ও শ্রদ্ধাই থাকুক অম্লান।

শুভস্য শীঘ্রম

স্থান: অন্টারিও, কানাডা | সময়: নভেম্বর, ২০১৮

আমি রাজনীতি সচেতন না। পারতে ওই বধূর পথ মাড়াই না। কিন্তু ইদানীং কালের কিছু নৃশংস ঘটনায় মনটা এতটাই অসহিষ্ণু হয়ে উঠেছে যে বিবেকবোধ এই বিষয়টি নিয়ে কলম ধরতে বাধ্য করেছে।

মাত্র কদিন কদিন হল বঙ্গবন্ধুর ৩৪ বছরের লাশের ভারটি আমাদের প্রচলিত আইনের বেড়াজালের মাধ্যমেই কাধমুক্ত করা হয়েছে (যে বিষয়টি ২১ বছর ধরে একটি কালো অধ্যাদেশের মাধ্যমে কোমায় রাখা হয়েছিল) । এর জন্য আমরা প্রস্তুত ছিলাম। কিন্তু বিপরীত ধারার হায়েনাগুলোর সৃষ্ট প্রতিক্রিয়া গ্রহণে হয়ত আমরা প্রস্তুত ছিলাম না।

বাংলাদেশের রাষ্ট্রক্ষমতায় অবৈধ ক্ষমতাদখলকারীরা ১৯৭৫-১৯৯০ সাল পর্যন্ত শাসন করে গেছে। এই সুদীর্ঘ দুর্বল নাজুক সময়টুকু সেনাশাসনের মধ্য দিয়ে গিয়েছিল এই শিশুবয়সী (নিউ-বর্ন) দেশটি। গণতন্ত্রের কোন উপস্থিতি তখন ছিল না। থাকার কোনো কথাও নয়। কোনো শিশুর শৈশব-আঘাত বড় ধরনের প্রভাব বিস্তার করে। জাতির এই কোনো মুহূর্তগুলোতে বঙ্গবন্ধুর “সাধারণ ক্ষমায়” সাময়িক মুক্ত সুযোগসন্ধানী রাজাকার/আলবদরেরা ছলে-বলে কৌশলে সেনাবাহিনী, শাসনব্যবস্থার উচ্চতর পর্যায় থেকে শুরু করে তৃণমূল পর্যায়েও জায়গা করে নিতে থাকে ধীরে ধীরে। গোলাম আযমের পুত্রও ঐ সময়েই ব্রিগেডিয়ার পদবিতে ভূষিত হয়। এই ১৫ বছরে তিলে তিলে গড়া তাদের কাঠামোগত শক্ত অবস্থানই পরবর্তীকালে চারদলীয় জোটবদ্ধ হতে এবং হাই-কমান্ড সেকশানে পদার্পনে সহায়ক ভূমিকা পালন করেছে। পরবর্তী পাঁচ বছরে তারা বাংলাদেশের সিভিল সার্ভিস, শিক্ষা প্রতিষ্ঠানসমূহ, বিভিন্ন জনগুরুত্বপূর্ণ পদবিতে তাদের অবস্থান/নেটওয়ার্ক বিস্তৃত করার সুযোগ করে নেয়, যে কারণে আওয়ামি লীগের

অন্দরমহলেও তাদের উপস্থিতি এখন ভালোই টের পাওয়া যাচ্ছে। পিলখানা ঘটনায়ও সেনাবাহিনীতে তাদের উপস্থিতি লক্ষ করা যায়।

শিবিরের আজকের এই অবস্থান তারা একদিনে নিয়ে আসে নি, তিলে তিলে নিয়ে এসেছে। তারা তাদের মিথ্যাচারিতা, সুযোগসন্ধানী সক্রিয়তা, ভয়াবহ নৃশংসতা, ধর্ম ব্যবসা, আর্থিক সচ্ছলত, পরিকল্পিত স্থানে বিনিয়োগ, প্রতিষ্টিত ব্যবসা প্রতিষ্ঠিত দিয়ে ধীরে ধীরে রাজনীতির অন্দরমহলে জায়গা করে নিয়েছে। বিবেচনায়-অনীহা সাধারণ সরল ধর্মপরায়ণ মানুষ তাদের অবৈধ প্রবেশ দ্বারকে আরও সুগম করে দিয়েছে। কদিন আগে আমার এক প্রিয়ভাজন আমাকে প্রশ্ন করেছিল: "দেশের বিশ্ববিদ্যালয় এর সকল ছাত্রই কম বেশী মেধাবী; কিন্তু তরাই যখন মুজিব-জিয়া-গোলাম দের জন্য জীবন বাজি রাখে তখন আমার মাথায় ঢোকে না এই ছেলেরা এত বোকা কেন! ছাত্ররা হল আমাদের মহামান্য নেতা দের সৈন্য বাহিনী। তারা এই বাহিনীকে নিজের স্বার্থে জিইয়ে রাখতে চায়। ছাত্রদের কাজ শিখা, কন্তু ভাল মন্দ শেখার আগেই তারা কেন রাজনীতির মাঠে নামবে?" প্রত্যুত্তরে বললাম: "সকলক্ষেত্রেই দেখা যায়, ক্ষমতা আর অর্থ অনেক কিছুই নিয়ন্ত্রণ করার ক্ষমতা রাখে। এখানেও ব্যাপারটা তাই। তথাকথিত ট্যান্ডারবাজি, ক্ষমতা, নিশ্চিত চাকুরিপ্রাপ্তি, শাসনভার নিয়ন্ত্রণ এইসবের জন্যই উঠতি ছাত্ররা আমাদের স্বার্থান্বেষী নেতাদের গিনিপিগ হতেও পরোয়া করে না। বস্তুত, সমাধানের পথটা আসা উচিত উপ-স্থর খেকে, নিম্ন-স্থর থেকে নয়।"

জীবিত বঙ্গবন্ধুর মত মৃত বঙ্গবন্ধুর প্রভাবও এতই প্রভাবশালী, গাঢ় এবং গভীর যে বঙ্গবন্ধুর সুষ্ঠু বিচার প্রক্রিয়া ও এর সফল কার্যকারিতা তাদেরকে চোরাবালিতে ডুবে যাওয়ার পূর্বমুহূর্তে তীর ধরে থাকার আপ্রাণ ব্যর্থ চেষ্টাকল্পে ভয়ার্তভাবে ছটফট করছে বঙ্গবন্ধুর লাশের ভার তাদের কাছে এতই ওভারলোডেড যে যে তারা তাদের আসন্ন নিশ্চিত পরিণতি ঠেকাতে তাদের সাম্প্রতিক কর্মকাণ্ড কখনও কখনও তাদের স্বভাবসুলভ নৃশংসতাকেও ছাড়িয়ে যাচ্ছে। কোরবানির কোন পশু আসন্ন মৃত্য উপলব্ধি করা মাত্রই তার সর্বশক্তি দিয়ে কাতড়াতে থাকে নিজেকে ছলেবলে যমমুক্ত করার চেষ্টায়। এই বিচারপ্রক্রিয়ার সফলতা যুদ্ধাপরাধী / আলবদরদের

আদতে- দুর্বল ভিতটি এতটাই নড়বড়ে করে দিল যে এখন কোরবানির পশুর মত সর্বশক্তি প্রয়োগ করে কাতড়াঁতে থাকবে এটাই স্বাভাবিক। তাদের তাসের ঘরগুলো এতটাই কাঁপিয়ে দেওয়া হল যে, বাংলাদেশের প্রথম সারির ব্লগগুলোতেও মেধাবী পেইড ব্লগার লেলিয়ে দিয়ে উঠতি নতুন প্রজন্মের লব্ধ-ধারনাসমূহকে ভিন্নপথে প্রভাবিত করার জন্য উঠে পড়ে লাগল (আমি এই দৃশ্যত গুরুত্বহীন বিষয়টিকে যথেষ্ট গুরুত্বসহকারে নেওয়ার জন্য অন্যান্য রাজনৈতিক দলসমূহকে বিনীত অনুরোধ করব। কারণ আমাদের মনে রাখতে হবে এইসব পেইড জামাতপন্থি ব্লগারদের টার্গেট সেইসব উঠতি শিক্ষিত ব্যক্তিদের নিয়ন্ত্রণে নিয়ে আসা যারা নিজ মেধা / ক্ষমতাগুনে হাজারজন আমজনতাকে প্রভাবিত করার ক্ষমতা রাখে। যা তাদের অন্যান্য দীর্ঘমেয়াদী পরিকল্পনাগুলোর একটি, সেটা কোন চিন্তাভাবনা না করেই বলে দেওয়া যায়)। তারা তাদের নিজস্ব ধর্মরসে গড়া রাজনীতির আবরণে আশ্রয় নিয়ে নীতি ছাপিয়ে এখন শুধুই নৃশংসতার লীলাখেলায় মেতে উঠেছে।

সহজভাবেই বুঝা যায়, এটাই তাদের দুর্বল সময়। আর তাদের এই দুর্বল মুহূর্তই তাদেরকে কঠোরভাবে দমনের চূড়ান্ত সময়। দেশের বিপুলসংখ্যক সাধারণ জনগোষ্ঠী এই বিচারের জন্য প্রতীক্ষার প্রহর গুনছে। চাতক পাখির মত চেয়ে বসে আছে জাতির পূর্ণ দায়মুক্তির আশায়। শুধু বর্তমান প্রধানমন্ত্রীর প্রতি ন্যায্য অনুরোধ খাতবে এই করিডোরে-আগত সুযোগের সদ্ব্যবহার করুন যে-রকম হায়েনাগুলো করে থাকে। কোন চিত্তাকর্ষক অজুহাত দেখিয়ে এই প্রয়োজনীয় এবং অবশ্যকর্তব্য নির্বাচনী ইস্তেহার এড়িয়ে যাওয়ার চেষ্টা করবেন না। প্লিজজজজ। একটি বড় বিচারে আপাত সন্তুষ্ট সরল জাতিকে ভুলিয়ে ভালিয়ে দীর্ঘায়িত করার চেষ্টা করবেন না। পরবর্তী নিবাচর্নের আগ মুহূর্তে বিচার প্রক্রিয়া শুরু করে আবার জয়ী হলে বাকিটুকু সমাপ্ত করবার মুলা দেখিয়ে নতুন ইস্তেহার তৈরির চেষ্টা করবেন না। প্লিজজজজ। চার নেতা মামলার মত এই মামলাও উপেক্ষা করবেন না। যত দ্রুত সম্ভব এই "জাতিগত অপুষ্টি" টি দূর করুন। আওয়ামী লিগ আর বিএনপির

কানাডার দিনলিপি

স্বভাবগত কাবাডি খেলার ফাঁকে এই নরপশুগুলো যেন কোনোভাবেই ফাকঁতালে গলে বেরিয়ে যায়।

আমার অগাধ বিশ্বাস আছে দেশের মানুষ বিচার নিজের হাতে তুলে নেওয়ার আগেই আপনিই করে দেখাবেন। বিচার হতেই হবে। তাদের সর্বোচ্চ শাস্তি প্রদানের খুব কাছাকাছি চলে এসেছি আমরা। দেরিতে হলেও প্রাথমিক বাধাটি (বঙ্গবন্ধুর বিচার) কেটে গেছে। এখন স্বাভাবিক এবং ক্রমাগতভাবে অন্যগুলোও কাটবে। নরপশুদের ছটফটানি , কাতড়ানি প্রকাশ করাতে গিয়ে যেন আর কোন নতুন আবু-বকর, ফারুক এবং মহিউদ্দিন দের পরিণতি বয়ে নিতে না হয়। এখনই সময় সুদে আসলে বুঝে নেওয়ার পালা। আর শুভ কাছে কখনই দেরি করতে নেই। আমার অগাধ বিশ্বাস আমরা সেটা করবও না। শুভস্য শীঘ্রম।

আমি স্বপ্ন দেখি সেই বাংলাদেশের যে বাংলাদেশে একদিন রাজাকারদের বীর্যে গড়া কালসাপ গুলোরও একদিন মতিভ্রম হবে। ওরা প্রকৃত রাজনীতিতে জড়িত হবে। রাজাকারমুক্ত দেশে দলাদলি হীন গণতন্ত্রের মাধ্যমে দেশকে সম্মানজনক অবস্থানে নিয়ে যাবে।

জয়তু বাংলাদেশ, জয়তু নিজামী

স্থান: অন্টারিও, কানাডা | সময়: জুন, ২০১৩

মেজাজটা খারাপ যাচ্ছে। ঘরে পানি নেই। বাসায় পানির লাইনে কাজ চলছে। সেটাও মুখ্য নয়। ইদানীং কালের বেশ কয়েকটা পোস্টের লিখার মাজেজা মেজাজ খারাপের অন্যতম কারণ এই মেজাজ গরম নিয়েই আরও দুটি খণ্ডচিত্র আর একটি মন্তব্য উদ্গারন করলাম। যদি রাগের কিছুটা উপশম হয়, এই উদ্দেশ্যে কিন্তু হিতে বিপরীত হয়েছে। এই পোস্টটা লিখে সাবমিট বাটনে ক্লিক করার সময় আমার হাত রাগে আরও থরথর করে কেঁপে উঠেছিল।

খন্ডচিত্র-১: শান্ত সৌম্য চেহারা। দেখলেই অন্তরের অন্তরস্থল থেকে শ্রদ্ধাবোধ ঝরে পড়ে। শ্বেত শুভ্র দাড়ি। মনে হয় আকাশের এক চিলতে রুপালি চাদঁ যেন চোয়ালের নিচে এসে নিশ্চুপ শুয়ে আছে। চোখে বাদামি ফ্রেমের চশমা। দুধে-আলতায় গায়ের রং। ধবধবে সাদা দামি পাঞ্জাবী। মাথায় মখমলের পাগড়ি দেখলেই মাথা নত হয়ে আসে। তিনি আমাদের মাননীয় প্রাক্তন মন্ত্রীমহোদয় , মতিউর রহমান নিজামী।

ছবিসূত্র: ইন্টারনেট 1

ছবি: প্রাক্তন মন্ত্রী মতিউর রহমান নিজামী মানবসেবায় ব্রতী এই ব্যক্তির জনসেবাময় কাজের তালিকা বলে শেষ করা যাবেনা। মহান এই ব্যক্তি স্বাধীনতা

দিবসে উনার মূল্যবান সময় ব্যয় করে পতাকাবাহী মার্সিডিজ গাড়িতে করে জাতীয় স্মৃতিসৌধে গিয়ে ৭১ এর শহিদের আত্মাগুলোর শান্তির মাগফেরাত কামনা করেন। ধন্য শহীদসন্তানেরা, ধন্য আমাদের পতাকা। কিছু দিন আগে মুক্তিযুদ্ধের চেতনাকে সমুন্নত এবং উজ্জীবিত করার জন্য মহান মুক্তিযুদ্ধ পরিষদ গঠন করেছেন। এত মাত্রাতিরিক্ত কর্মব্যস্ততার মধ্যেও উনি উনার কর্মনিষ্ঠ , স্নেহময় হাত দিয়ে এই দেশকে, দেশের মাটিকে আরও একধাপ এগিয়ে নিয়ে যাওয়ার জন্য বাংলাদেশের মানুষ গর্বিত।

আর এইসব সমাজসেবামূলক কাজ সুষ্ঠুভাবে চালিয়ে নেওয়ার জন্য সরকারি তহবিল থেকে প্রায়ই বনানীতে রাজউকের প্লট, বিলাসবহুল গাড়ি সহ অসংখ্য অর্থসাহায্য দেওয়া হয়। এখন উনি অঢেল সম্পত্তির মালিক। অর্থকষ্ট থাকলে তো জনহৈতিষী মূলক কাজকর্মগুলো সঠিকভাবে বুদ্ধিমত্তার সহিত চালানো যাবে না। এটা তো বুঝতে হবে আমাদেরকে। বাংলাদেশে মুক্তিযুদ্ধকে নতুন মাত্রায় উজ্জিবীত করে রাখার জন্য মহান, সমাজসেবী এই শ্রদ্ধেয় মানুষটির নিকট বাংলাদেশ চিরকাল ঋণী হয়ে থাকবে।

খন্ডচিত্র-২: আরেকটি ঘটনা। এনার গায়ে নোংরা কাপড়, পায়ে ছেড়া স্যান্ডেল। কাচাঁ-পাকা কুৎসিত দাড়ি। হলুদ দাঁত হাড় জিড়জিড়ে শরীর। দেখলেই গা শিরশির করে, ঘৃণায় বমি চলে আসে। ৭১ এর সংগ্রামের (?) সময় মুক্তিযোদ্ধা আছিলেন। বিশ্রী চেহারার লোকটির দিকে নাম নুরুল ইসলাম। মুক্তিযোদ্ধা নুরুল ইসলাম কোথায় জানি পড়ে গিয়ে ওর কালো কদাকার হাটুটি ভেঙ্গে ফেলেছেন। রাজশাহী হাসপাতালে ভর্তি এখন। অস্ত্রোপচারের পর প্রচুর রক্তক্ষরণ হয়। শরীরে প্রচুর রক্তক্ষরণ হওয়ার জন্য প্রচুর রক্ত ঘাটতি দেখা দেয়। কর্তব্যরত ডাক্তাররা অতিসত্বর রক্তের দরকার বলে জানিয়েছেন কিন্তু রক্ত কেনার টাকা নেই। গত বুধবার জমানো শেষ সম্বল সাড়ে তিন হাজার টাকাটাও চুরি গেছে হাসপাতালের বেড থেকে। হায়রে কপাল! চুয়াডাঙ্গার দামুড়হুদা উপজেলার ইব্রাহিমপুর গ্রামের এই অসহায় মুক্তিযোদ্ধা হাসপাতালের মেঝেতে শুয়ে আকুল হয়ে কাঁদছিলেন ।

সামনে যাকেই পাচ্ছিলেন তার কাছেই মুক্তিযোদ্ধা সনদের বিনিময়ে এক ব্যাগ রক্ত চাইছিলেন আর হাউমাউ করে কাঁদছিলেন।

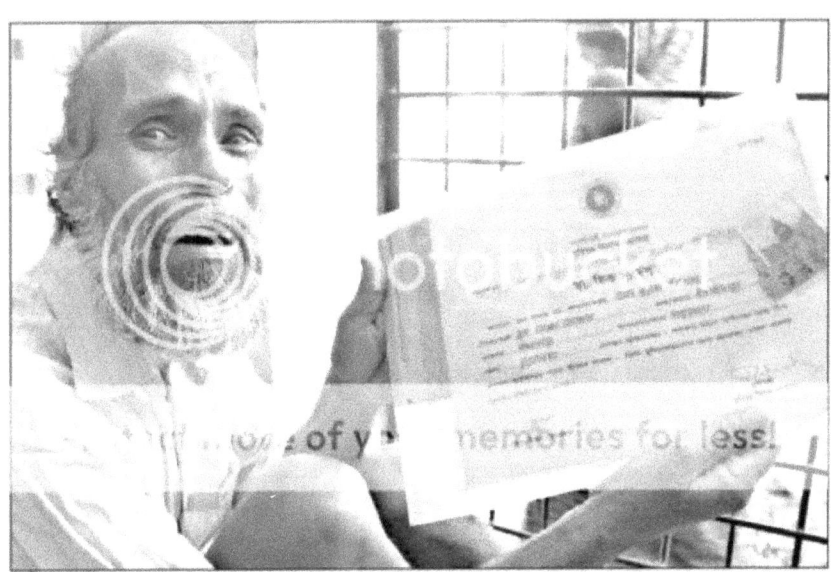

ছবিসূত্র: ইন্টারনেট

ছবি: মুক্তিযোদ্ধা নুরুল ইসলাম (এই ছবিটি আমি আমার আরেকটি পোর্টালএ দিয়েছি)

মন্তব্য: আমাদের শান্ত সৌম্য নিজামীরা আমাদের মানুষকে কন্ডোম (শিষ্টাচার: এই সুন্দর উপমাটি আমারব্লগের আরেকজন ব্লগারের দেওয়া) বানিয়ে দেশকে ৭১ এর মত প্রতিনিয়ত ধর্ষণ করে যাচ্ছে, পরে সেই কন্ডোম ছুড়ে ফেলে দিচ্ছে ডাস্টবিনের গর্তে, তাতে আমাদের কি? এগুলি তো আমাদের মত তথাকথিত সুবুদ্ধির মানুষদের দেখার বিষয় নয়। আমরা এখন গরম কফির পেয়ালা হাতে নিয়ে আয়েশ করে চকচকে ল্যাপটপটা নিয়ে আমার ব্লগে ঢুকে আমাদের সব সাহিত্য প্রতিভা উজাড় করে কার্টুনিস্ট "আরিফের" মত শত শত আরিফের উপর গুটিকয়েক রাজাকারদের অত্যাচারকে উপজীব্য করে একটা ঝাড়া আবেগপ্রবণ ব্লগ লিখব।

আর একটু পর পর এসে অনেকগুলো মন্তব্য পেয়ে অসাধারণ এই ব্লগটি লিখার জন্য আত্মগরিমায় মুগ্ধ হব আর নিজেকে বাহবা দিতে থাকব। আহা, আহা, লেখাটা তো বেশ ভালো হয়েছে। অনেকগুলো সুন্দর সুন্দর মন্তব্য পড়েছে এবারের লেখাটায়।

বাহ্, বাহ্। জয়তু বাংলাদেশ, জয়তু নিজামী।

ত্রৈ-ইন্দ্রিয়ের অকার্যকারিতা

স্থান: অন্টারিও, কানাডা | সময়: জানুয়ারি ২০১৩

দিনটা ভাল যায়নি। মেজাজটা বিগড়ে আছে বিভিন্ন কারণে একটি সহজ এক্সপেরিমেন্ট অসংখ্যবার করা সত্ত্বেও প্রত্যাশিত আউটপুট পাচ্ছি না। আমি ছোটবেলা থেকেই মোটামুটি সকল কাজেই অকর্মার ঢেকি-টাইপ। "সহজ" কোনো কাজ কখনই সহজে মেলাতে পারি না। অবধারিতভাবে জট পাকিয়ে ফেলি। যদিও বা কখনও কখনও সফলতার মুখবদনখান দেখি, খুজেঁ-খাজে দেখি ব্যাপারটা হয় কাকতালীয় অথবা সেখানে অন্য কারো স্বেচ্ছাসেবী হস্তক্ষেপ আছে। সেটাও মেজাজ খারাপের একমাত্র কারণ নয়। প্রতিদিন গৃহপ্রবেশের সময় আমার মেইল বক্স চেক করতে হয়। আজও যথারীতি চেক করি। আমার নিজ দেশের লেটার বক্সগুলো চেক করলে লাভ লেটার, প্রেমপত্র, বিয়ের কার্ড, বিভিন্নরকম দাওয়াতপত্র, ভালোবাসার রঙিন খাম এইসব পাওয়া যেত। চেক করতেও ভাল লাগত। আর এখানে (কানাডা) মেইলবক্স খুললেই গ্যাস বিল, কারেন্ট বিল, মোবাইল বিল আর বিরক্তিকর ফ্লাইয়ার ছাড়া আর কিছুই পাই না। আজ আবার মরার উপর খাড়ার ঘাঁ হিসেবে উটকো একটা ক্রেডিট কার্ডের বিল এসে হাজির। বিরাট অঙ্কের নেগেটিভ ব্যালেন্স সমেত চকচকে খাম। অনেক ঘাঁটাঘাঁটি পর কাস্টমার কেয়ারে ফোন দেওয়ার পর ওরা জানাল যে বিলটা ভুল করে আমার অ্যাকাউন্টের নাম দিয়ে দেওয়া হয়েছে। এ না হয় সহ্য করলাম। কিন্তু প্রতিদিন ক্লান্ত হয়ে যখন অনলাইনে "প্রথম আলোটা" দিনের শেষ বিকেলে পড়তে বসি তখন মেজাজটা আরও খতরনাক হয়ে যায়। পাতায় পাতায় শুধু মন খারাপ করা খবর। হাজার হাজার খারাপ খবরের ভিড়ে তীর্থের কাকের মত ভাল কোন খবর হাতড়াঁতে থাকি একটু প্রশান্তির আশায়। বেশিরভাগ সময়ই ব্যর্থ হয়। তারই ধারাবাহিকতায় সাম্প্রতিক কালের কিছু ঘটনা মনকে আরও দ্রবীভূত করে তুলল। আর সেগুলো নিয়েই আজকের এই খেরোপত্র। লিখে যদি একটু হালকা হই।

অনেকক্ষণ ধরেই একটি ছবির দিকে একদৃষ্টিতে তাকিয়ে আছি। ধ্বংসাবশেষের ছবি, চারিদিকে পোড়া ভিটেমাটির চালা, খড়-মাটি, শস্যপোড়া ছাইয়ের প্রলেপ, তছনছ করা আসবাবপত্র, পোড়া স্যান্ডেল, জ্বলা গাছের বৃদ্ধ-গুঁড়ি, আরও অনেক টুকিটাকি। এর মধ্যে ঠাঁয় দাঁড়িয়ে আছে একটি সুন্দর বৌদ্ধমূর্তিঁ। ছবিটি পাহাড়িদের উপর হামলা সম্পর্কিত প্রায় সকল পত্রিকার ফিচার নিউজগুলোতে এসেছিল। এই সপ্রতিভ বৌদ্ধমূর্তি যেন আগ্রাসী বাঙালিদের দিকে তাকিয়ে হাসছে অবজ্ঞাভরে। তার উজ্জ্বল চোখগুলো যেন লাগামহীন অন্যায়ের বিরুদ্ধে রুখে দাঁড়ানোর প্রস্তুতি নেওয়ার জন্য পাহাড়িদের দুর্নিবার আহ্বান জানাচ্ছে।

মূর্তিগুলোর খোলা চোখ এই ধ্বংসাবশেষের মাঝেও তাদের প্রাণবন্ত উপস্থিতিকে সাক্ষ্য দিচ্ছে প্রতিনিয়ত। এই নৃ গৃহীত জনগোষ্ঠীর পক্ষে তার সরব অবস্থান ঘোষণা করছে। তার অবিচল দাঁড়িয়ে থাকা যেন অবহেলিত এই আদিবাসীদের সুতীব্র অনুপ্রেরণা জাগাচ্ছে দুপ্ত বলয়ে জেগে উঠার, সপ্রতিভ প্রতিবাদ করার, সম্মিলিত প্রয়াসে। দেবালয়ের অক্ষত এই মূর্তিগুলো যেন অসহায়দের পক্ষে অসীম-শক্তির শক্ত অবস্থানকে আবারও স্মরণ করিয়ে দিচ্ছে আমাদেরকে প্রতিটা মুহূর্তে কোণঠাসা এই পাহাড়ি আদিবাসীদের উপর এই রাষ্ট্রীয় আগ্রাসন নতুন কিছু নয়। এর আগেও বিভিন্ন সরকারের আমলে সুবিধাবঞ্চিত এই জাতি চরম অবমাননার শিকার হয়েছে। শরণার্থী হিসেবে ট্রিটেট অনেক পাহাড়ীরা প্রতিনিয়ত বলি হচ্ছে আগ্রাসী রাষ্ট্রজাতির স্বেচ্ছাকল্পে দেশের মূলধারার সুবিধাগুলো গ্রহণ করা থেকে তাদেরকে অপয়া করে রাখা হয়েছে প্রথম থেকেই।

দিঘীনালার বাঘাইছড়িতে ১৯৮৮ সালের আগস্ট মাস থেকেই তাদের উপর নির্যাতন শুরু যা এখন পর্যন্ত পূর্ণ শক্তিতে বহাল রাখা হয়েছে। এর বদৌলতে কয়েকশত উপজাতি প্রাণ হারিয়েছে, প্রচুর আদি তীর্থস্থান, অনেক পুরাকীর্তির বৌদ্ধ মন্দির পুড়িয়ে দেওয়া হয়েছে কালের অতলে। সাম্প্রতিক কালের বাঘাইছড়ি, রাঙামাটির ঘটনাপ্রবাহ তারই ধারাবাহিক ক্রম। ক্রমান্বয়ে তাদের নিজ ভাষা, ধর্ম,

সংস্কৃতি ধীরে ধীরে নিশ্চিহ্ন করা হচ্ছে কতিপয় দখলদারদের যোগসাজশে যা কতটা অমানবিক তা চোখে আঙুল দিয়ে দেখানোর প্রয়োজন আছে বলে মনে করি না। খাগড়াছড়ি শহরে ১৪৪ ধারা জারি, সেনাবাহিনী মোতায়েন, জরিপের জের ধরে দখলদারদের সাথে একাত্মতা এই নিরিবিলি জীবনে অভ্যস্ত কোণঠাসা আদিবাসীদের উপর ভারসাম্যহীন লড়াই রীতিমত তীব্র ঘৃণার উদ্রেক করায় আমাদের স্বজাতির উপর। বর্তমান বাঙালিজাতির একজন অংশীদার হয়ে হিংস্রতার রূপ দেখে রক্ত ঘৃণায় গরম হয়ে উঠে ক্ষনে ক্ষনে।

অক্ষমতার লাগামহীন ঘোড়া আমাদের বাঙালিদের টুটি চেপে ধরে নিয়ন্ত্রণ করে ইচ্ছেমতো। আমরা অক্ষম, আমরা সীমাবদ্ধতার অজুহাত দেখাই, বেশিরভাগ সময় আমরা স্বেচ্ছায় প্রতিবাদ করি না। আমরা কথা বলতে পারি না, কারণ আমরা কথা বলতে চাই না। আমরা নিরিবিলি, নির্ভেজালভাবে জীবন অতিবাহিত করতে চাই। রাষ্ট্রযন্ত্রের সুবিধাবাদী দখলদাররা নির্বিচারে এই অসহায় মানুষগুলোর উপর আক্রমণ চালাচ্ছে, আমরা কথা বলছি না। তাদের ভাষা-ধর্ম-সংস্কৃতি ধীরে ধীরে নিশ্চিহ্ন করা হচ্ছে, আমরা কথা বলি না।

দেশের মূলধারার সংস্কৃতি এই স্বকীয়, স্বতন্ত্র বৈশিষ্ট্য মন্ডলিত কলা-সংস্কৃতিকে প্রতিনিয়ত ধর্ষণ করে যাচ্ছে, আমরা কথা বলি না। দেশের সুবিধাবাদী গুটিকয়েক মানুষেরা প্রতিনিয়ত এইসব আদিবাসীদের অস্তিত্বকে বলাৎকার করে যাচ্ছে, আমরা কথা বলি না। দেশের তথাকথিত সুশীলরাও তাদের কলম দিয়ে পাহাড়িদের মিথ্যা দোষ ধরায় ব্যস্ত, আমরা তাতেও কথা বলি না। ছোট ছোট নিষ্পাপ পাহাড়ি বাচ্চারা আমাদের দিকে তীব্র ঘৃণাভরে তাকিয়ে আছে। আমরা কথা বলি না। চার জাতীয় নেতা হত্যার বিচার আইন করে বন্ধ করে দেওয়া হয়, আমরা কথা বলি না। বঙ্গবন্ধুর ৩৪ বছরের লাশের ভারটি একটি কালো অধ্যাদেশের মাধ্যমে কোমায় রাখা হয়, আমরা কথা বলি না।

আমরা কানেও শুনি না। মাননীয় প্রধানমন্ত্রীর আপনি ডান কানে কি এখনও কম শুনেন? আমাদের স্বরাষ্ট্রমন্ত্রী খুনের ঘটনাকে বিচ্ছিন্ন ঘটনা বলে চালিয়ে দেন,

আপনি তা শুনেন না। রাজাকারেরা দেশে কোন রাজাকার নেই বলে সর্বত্র বুক চিতিয়ে বলে বেড়ায়, আপনি শোনেন না। কদিন পর পর ঢাকার অসহায় বস্তিবাসীদের ঘরদোর পুড়িয়ে দেওয়া হয়, আপনি তাদের আর্তচিৎকার শোনেন না। সমানে দেশের মেধাবী তরুণদের সুপরিকল্পিতভাবে হত্যা করা হয়, আপনি তাদের আর্তনাদ শোনেন না। সেখানে দূরের পাহাড়গুলো ডিঙ্গিয়ে আদিবাসী পাহাড়িদের হাহাকার আপনার কানে আসবে না এ আর আশ্চর্য কী !

আমরা যে শুধু কথা বলি না তা না, আমরা চোখেও দেখি না। রাষ্ট্রবিরোধী অপশক্তিগুলো আমাদের চোখের সামনে দিয়ে তাদের অপকর্মগুলো করে যাচ্ছে, আমরা দেখি না। নাইকো, অক্সিডেন্টাল নামের বাঘা বাঘা কোম্পানিগুলো দেশের বিপুল অর্থের অপচয় করে আমাদের বুড়ো আঙুল দেখিয়ে চলে গেল, আমরা দেখি না। গুটিকয়েক লোক একে অপরের সাথে দলাদলি, রেষারেষিতে সংসদের প্রচুর অর্থের অপচয় করে যাচ্ছে, আমরা দেখি না। স্বাধীনতাবিরোধীরা এখন বিশেষ জাতীয় দিনগুলোতে মুক্তিযোদ্ধাদের পদক বিতরণ অনুষ্ঠান করে যাচ্ছে। পাহাড়ি জনগোষ্ঠীর ধীরে ধীরে কোণঠাসা করে ফেলা হচ্ছে, আমরা তা দেখেও দেখি না।

সম্প্রতি বাঘাইছড়ির ঘটনায় দুজন পাহাড়ির লাশ উদ্ধার হয়েছে, পাঁচ থেকে আটজন মারা গেছে বলে বলা হচ্ছে। খাগড়াছড়িতে আরও একজন বাঙালির মৃত্যুর খবর এসেছে। আগুনে কেবল শত শত পাহাড়ির বাড়িঘরই ছাই হয়ে যায়নি, পার্বত্য চুক্তির মাধ্যমে শান্তির যে জলপাই চারাটি লাগানো হয়েছিল, আঁচ লেগেছে তারও গায়ে। তাই চরম উদ্বেগ কেবল পাহাড়ি-বাঙালির জানমাল নিয়েই নয়, পার্বত্য চট্টগ্রামে স্থায়ীভাবে শান্তি প্রতিষ্ঠার প্রশ্নটিও এখন প্রশ্নের সম্মুখীন। এ দেশের শেকড়ের সঙ্গে আদিবাসীদের সম্পর্ক। রাষ্ট্রযন্ত্রের ভেতর সরকারবিরোধী যে অংশ রয়েছে, তাদের অপচেষ্টা ও ষড়যন্ত্রের ফলে এ ধরনের সংঘর্ষ বেধেছে বলে ধারণা করা হচ্ছে। এই সরকারবিরোধী দলটি এভাবে লায় পেয়ে পেয়ে পুরো দেশকেই একসময় অন্ধকারের অতল গহ্বরে নিয়ে যাবে, যখন আমাদের কিছুই করার থাকবে না।

এইসব সাম্প্রতিক ঘটনাগুলো মোকাবিলায় আমাদেরকে সরব ভূমিকা পালন করতে হবে। অসহায়দের পাশে দাঁড়াতে হবে। আড়গোড় ভেঙ্গে সবাইকে অন্যায়ের বিরুদ্ধে সুবিবেচক ভূমিকা পালন করতে হবে। নইলে আমাদের বাঙালি ইতিহাসে এই লজ্জাজনক অপকর্মের দায় আমাদেরই ঘাড়ে বয়ে নিতে হবে। এ দায় থেকে মুক্তির কোনো উপায় নেই।

কানাডার দিনলিপি

বাংলাদেশের জন্মদিন: ২৬ মার্চ, না কি ১৬ ডিসেম্বর?

স্থান: অন্টারিও, কানাডা | সময়: নভেম্বর ২০১৩

ইতিহাস, পরিচয় ও রাষ্ট্রচিন্তার নিরিখে আত্মসন্ধান:

বাংলাদেশের জন্মদিন ২৬ মার্চ না ১৬ ডিসেম্বর এই প্রশ্নটি আপাতদৃষ্টিতে সাধারণ হলেও এর মধ্যে নিহিত রয়েছে আমাদের জাতিসত্তার গভীরতম আত্মসন্ধান। একদিন ফেসবুকে এই প্রশ্ন তুলতেই কয়েকজন প্রবাসী তরুণের মধ্যে তীব্র, কিন্তু যুক্তিপূর্ণ আলোচনা শুরু হয়। সেই কথোপকথনের সারাংশ এখানে বিশ্লেষণধর্মীভাবে উপস্থাপন করছি।

প্রথমেই প্রশ্ন আসে একটি জাতির জন্মদিন কি একাধিক হতে পারে? ব্যক্তিগত জীবনে যেমন একজন মানুষের একটি নির্দিষ্ট জন্মদিন থাকে, তেমনি একটি জাতিরও ইতিহাসে থাকা উচিত একটি নির্ধারিত জন্মদিন। সেই দৃষ্টিকোণ থেকে বাংলাদেশের জন্মের সময়কে নির্ধারণ করাটাও আবেগ নয়, বরং বাস্তবিক এবং নৈতিক দায়িত্ব।

তর্কের কেন্দ্রবিন্দু ছিল এই যে, স্বাধীনতা অর্জনের প্রক্রিয়া শুরু হয়েছিল ২৬ মার্চ ১৯৭১-এ, আর বিজয় এসেছিল ১৬ ডিসেম্বর। ২৬ মার্চে বাংলাদেশ নিজেকে আলাদা রাষ্ট্র হিসেবে ঘোষণা করে। এটি ছিল স্বাধীন রাষ্ট্রের আত্মঘোষণার দিন। এই দিনে জাতি বুঝিয়ে দিয়েছিল, তারা পাকিস্তানের সঙ্গে থাকতে চায় না। অন্যদিকে, ১৬ ডিসেম্বর পাকিস্তানি বাহিনীর আনুষ্ঠানিক আত্মসমর্পণের মধ্য দিয়ে সেই ঘোষণার সফল বাস্তবায়ন ঘটে।

এখানে একটা দৃষ্টান্তমূলক ভাবনা এসেছে একটি সন্তান যদি জন্মের পর তার পিতা তাকে স্বীকার করতে না চায়, বরং তাকে ধ্বংস করার চেষ্টা করে, এবং সেই সন্তান যদি বেঁচে যায় ও নিজের অস্তিত্ব প্রমাণ করে, তবে তার জন্মদিন হবে কখন? স্বাভাবিকভাবেই বলা যায়, জন্ম তো সেইদিনেই হয়েছে যেদিন সে নিজের স্বাতন্ত্র্য দাবি করেছিল। মুক্তিযুদ্ধের সূচনা এবং পাকিস্তানি আগ্রাসনের বিরুদ্ধে প্রতিরোধ শুরু হয়েছিল ২৬ মার্চেই।

আরেকটি দৃষ্টিভঙ্গি বলছে, ২৬ মার্চ ছিল জাতির আত্মঘোষণার দিন একটা সীড, এক ধরনের গর্ভধারণ। এর পূর্ণ রূপ আসে ১৬ ডিসেম্বর বিজয়ের মধ্য দিয়ে। কিন্তু এই যুক্তিতে একটি বড় সমস্যা রয়েছে। যদি ২৬ মার্চকে শুধুই প্রস্তুতির দিন বলি, তাহলে ২৫ মার্চ রাতের গণহত্যা, বঙ্গবন্ধুর স্বাধীনতা ঘোষণা, পতাকা উত্তোলন, এবং প্রাথমিক প্রতিরোধ এসব কিভাবে ব্যাখ্যা করব?

সংবিধান নিজেই এই প্রশ্নের উত্তর দিয়েছে। তার প্রস্তাবনায় বলা আছে, "আমরা, বাংলাদেশের জনগণ, ১৯৭১ খ্রিস্টাব্দের মার্চ মাসের ২৬ তারিখে স্বাধীনতা ঘোষণা করিয়া... বাংলাদেশ প্রতিষ্ঠিত করিয়াছি।" সুতরাং রাষ্ট্রীয়ভাবে এটাই স্বীকৃত জন্মদিন।

যারা ১৬ ডিসেম্বরকে জন্মদিন বলেন, তারা মূলত একটি ভুল বোঝাবুঝির শিকার। বিজয় আর জন্ম এক জিনিস নয়। ১৬ ডিসেম্বর হলো বিজয়ের দিন যেদিন বাংলাদেশ মিত্রবাহিনীর সহযোগিতায় শত্রুমুক্ত হয়। কিন্তু যুদ্ধের শুরু, আত্মত্যাগ, ঘোষণা ও প্রত্যয়ের দিন তো ২৬ মার্চ। যুদ্ধ ছাড়া বিজয় হয় না, আর বিজয় ছাড়া যুদ্ধের মূল্য অর্ধেক। তাই বিজয় গুরুত্বপূর্ণ হলেও, জন্ম নয়।

একটি জাতি যখন তার পরিচয়ের সন্ধানে থাকে, তখন তাকে অবশ্যই তার শেকড়ের দিকে ফিরে তাকাতে হয়। আমাদের জাতিসত্তার শেকড় গাঁথা ২৬ মার্চে যেদিন মুক্তিযুদ্ধ শুরু হয়েছিল, যেদিন আমরা নির্ভীকভাবে বলেছিলাম, "এই দেশ আর পাকিস্তানের নয়।"

কানাডার দিনলিপি

অন্যদিকে, অনেকেই যুক্তি দেন যে যুদ্ধজয়ের পরই তো স্বাধীনতা সত্যিকারভাবে অর্জিত হয়, তাই ১৬ ডিসেম্বর জন্মদিন হওয়া উচিত। এই যুক্তি শুনতে সুশ্রী হলেও এতে রয়েছে ভয়ানক একটি বিকৃতি। কারণ, যদি ২৬ মার্চকে অস্বীকার করে ১৬ ডিসেম্বরকে জন্মদিন বলা হয়, তাহলে মুক্তিযোদ্ধাদের যুদ্ধকে বৈধতা দেওয়া হয় না, বরং তাদের "প্রাক-জন্ম" সংঘর্ষে অংশগ্রহণকারী বলা হয়। এমনকি রাজাকারদের ভূমিকা তখন ধূসর হয়ে যায় তারা আর বিশ্বাসঘাতক নয়, বরং পরবর্তী শত্রুর পক্ষ অবলম্বনকারী। এতে মুক্তিযুদ্ধের নৈতিক ভিত্তিই নষ্ট হয়ে যায়।

বর্ণনার ভিন্নতায় কেউ বলছেন ৭ মার্চেই বঙ্গবন্ধুর ভাষণে স্বাধীনতার ডাক এসেছিল, কেউ বলছেন ২৫ মার্চ রাতের গণহত্যার প্রতিক্রিয়ায় ২৬ মার্চই প্রকৃত ঘোষণা। তবে এই মতানৈক্য আমাদের বিভ্রান্ত করে না, বরং আরও নিশ্চিত করে যে, ২৬ মার্চের পর থেকেই আমাদের রাষ্ট্রীয় স্বাতন্ত্র্যের পথচলা শুরু হয়েছিল।

তবে এসব আলোচনার অন্তরালে একটি বাস্তবতা হলো এখনো ৫০ বছরের বেশি সময় পরও আমরা এই মৌলিক প্রশ্নের উত্তর দিতে পারিনি। এর পেছনে রয়েছে আমাদের রাজনৈতিক নেতৃত্বের দিকনির্দেশনার অভাব এবং জাতি হিসেবে ঐকমত্যে পৌঁছানোর অক্ষমতা। অথচ এই বিষয়টি ইতিহাসের পাঠ্যবইয়ে, সংবিধানে ও জাতীয় নীতিমালায় স্পষ্টভাবে সংজ্ঞায়িত হওয়া উচিত ছিল।

একটি দেশের জন্মদিন কেবল একটি দিন নয় এটি আত্মপরিচয়ের ভিত্তি, ইতিহাসচর্চার নৈতিক কেন্দ্রবিন্দু। ২৬ মার্চ শুধুই ঘোষণা নয়, এটি যুদ্ধ, আত্মত্যাগ, প্রতিজ্ঞা, পতাকা, নেতৃত্ব সবকিছুর সমন্বিত সূচনা। সেই সূচনার প্রতীকী রূপই বাংলাদেশের জন্ম।

অতএব, ইতিহাসের দৃষ্টিকোণ, নৈতিকতার মানদণ্ড ও সংবিধান অনুযায়ী ২৬ মার্চই বাংলাদেশের জন্মদিন, আর ১৬ ডিসেম্বর আমাদের বিজয়ের গৌরবময় সমাপ্তি।

কভিড '১৯ – বুকটা হাহাকার করে উঠে

স্থান: অন্টারিও, কানাডা | সময়: সেপ্টেম্বর ২০২১

প্রতি মুহূর্তে যখন কভিড-১৯ এর হালনাগাদ চিত্রটা চোখের সামনে ভেসে আসে, তখনই বুকে রক্তক্ষরণ হতে থাকে, বুকটা হাহাকার করে ওঠে। পুরো পৃথিবীতে এই মুহূর্তে ৬৮০,০০০ জন মানুষ আক্রান্ত, এবং ৩২,০০০ জন মানুষকে ইতিমধ্যে মৃত ঘোষণা করা হয়েছে। এই ভয়ংকর, কুৎসিত সংখ্যাগুলো যখন কেউ দেখে, কোনো স্বাভাবিক মানুষই আর স্বাভাবিক থাকতে পারে না। নিজেকে আরও অসহায় লাগে যখন ভাবি, ন্যানোপ্রযুক্তি, মাইক্রোইলেকট্রনিক্স–এই সব ভারি ভারি বিষয় নিয়ে আমরা কতই না গবেষণা করি, আর দিনশেষে এই আণুবীক্ষণিক অতি ক্ষুদ্র (২০০ ন্যানোমিটার সাইজ) ভাইরাস এর কাছে আজ মানবজাতি পরাজিত, পুরো পৃথিবী আজ ধরাশায়ী। তাহলে, আমাদের হন্তা-কর্তা, বিশ্বনেতারা কি গবেষণা ও উন্নয়নের (গ.উ.) ক্ষেত্রে এমন বিষয়ই অগ্রাধিকার ভিত্তিতে নির্বাচন করছেন না, যেখানে পুরো মানবজাতির অস্তিত্ব-টাই নির্ভরশীল?

১। এই কভিড-১৯ এর এখন পর্যন্ত যেহেতু কোনো টিকা নেই, দীর্ঘমেয়াদি খাদ্য ও ঔষধ প্রশাসন কর্তৃক অনুমোদিত হয়ে সহসা ভোক্তা বাজারে আসারও কোনো সম্ভাবনা নেই, তাই এর বিস্তার রোধ করাই এখন সকলের লক্ষ্য। "বাড়িতে থাকুন" এই নীতিবাক্যই এখন প্রতিকারের একমাত্র উপায়। "সামাজিক বিচ্ছিন্নতা" -ই এখন বাধ্যতামূলক মন্ত্র। কাছের মানুষকেও এখন আর কেউ বিশ্বাস করতে পারছে না, 'কিরে দোস্ত' বলে এক বন্ধু আরেক বন্ধুর কাঁধে চাপড় দিতে পারছে না। সকলকেই ২ মিটার (৬ ফুট) দূরত্ব বজায় রেখে চলতে হচ্ছে। এরপরও কি এর বিস্তার নিয়ন্ত্রণ করা সম্ভব? আমরা সকলে ঘরবন্দি থাকতে চাইলেই কি এটা সম্ভব? আমাদের পেটের খিদে মেটাতে কি বাইরে যেতে হচ্ছে না? হাসপাতাল, ওষুধের দোকানে জরুরি প্রয়োজনে যেতে হয়, কিন্তু খাবারের (মুদিখানার) প্রয়োজন তো সকলেরই। খাদ্য সামগ্রী কিনতে আমাদের কি প্রতিদিন বের হতে হচ্ছে না? তাহলে কি এই মুদিখানাগুলোতেই "সামাজিক মিলনস্থল" তৈরি হচ্ছে না? সেদিন একটি মুদির দোকানে আপেলের স্তূপের উপর এক নারী প্রচণ্ড জোরে হাঁচি দিলেন। যদি তিনি সংক্রমিত হন, তাহলে কি এটি ১০০ টি পরিবারে ছড়িয়ে পড়বে না? এই ১০০ কি ২০০ হবে না? একেকজন কি ডাল বা অন্যান্য খাদ্য প্যাকেট ধরে ধরে মেয়াদোত্তীর্ণ তারিখ দেখছে না? পরশুদিন কানাডার একটি শহরের এক পরিবার জানাল,

তাদের ৭ জন সদস্যের কেউই গত তিন সপ্তাহে একটি ভারতীয় মুদির দোকান এবং কসকো ছাড়া অন্য কোথাও যায়নি। এত নিয়ন্ত্রণের পরেও তাদের সবাই আক্রান্ত, এবং একজন বয়স্ক মারা গেছেন।

একটি পরিসংখ্যানে বলা হচ্ছে, মুদিখানা থেকেই এখন এক-তৃতীয়াংশ ভাইরাস ছড়াচ্ছে। তাহলে কি ভালো হতো না, যদি সব মুদির দোকান ও প্রয়োজনীয় দ্রব্যের দোকানগুলো সামনের দরজা সম্পূর্ণভাবে বন্ধ করে দিয়ে "ড্রাইভ-থ্রু" অথবা কেবল "সরবরাহ" পদ্ধতি চালু করা হতো? খোলা থাকলে তো সেই বড় পরিসরে "সামাজিক মিলন" এর সুযোগ থেকে যাচ্ছে। বাংলাদেশের প্রেক্ষাপটে ফোনে অর্ডার দিয়ে দোকান কর্মীরা ঘরে পৌঁছে দিয়ে আসতে পারে, অথবা প্যাকেট করে রেখে দিলে পরে এসে নিয়ে যাওয়া যায়। পণ্য বাসায় আনার পরে জীবাণুনাশক স্প্রে করে, অথবা ভিনেগার মিশ্রিত পানি দিয়ে ধুয়ে রান্না করলেই যথেষ্ট।

**২। বাংলাদেশে কি একটি অনলাইন/অ্যাপভিত্তিক "স্ব-মূল্যায়ন পরীক্ষা" চালু করা যায় না, হটলাইন এর উপর চাপ কমানোর জন্য? কভিড-১৯ এর জন্য যেহেতু এখনো কোনো অনুমোদিত চিকিৎসা নেই, এটি নির্ধারণ করার প্রশ্নাবলীও সীমিত, আর হটলাইনে ফোন করে একজন প্রতিনিধিকে পাওয়াও কঠিন, তাই এই বৈশিষ্ট্যটি কার্যকর হতে পারে অসুস্থ রোগীদের সহায়তায়। উঠতি বয়সের তরুণরা গ্রামে প্রযুক্তিগত সহায়তা দিতে পারে। উদাহরণস্বরূপ "স্ব-মূল্যায়ন পরীক্ষা"

এর ধাপগুলো এমন হতে পারে–
১. সর্দি হয়েছে, কাশি নেই — *করোনা হয়নি।
২. সর্দি, কাশি আছে, শুকনো কফ নেই — *করোনা হয়নি।
৩. সর্দি, কাশি, শুকনো কফ আছে, জ্বর নেই — *করোনা হয়নি।
৪. সর্দি, কাশি, শুকনো কফ, জ্বর ছিল কিন্তু কমে গেছে — *করোনা হয়নি।
৫. সর্দি, কাশি, শুকনো কফ, জ্বর আছে কিন্তু শ্বাসকষ্ট নেই — করোনা হয়নি।
৬. সর্দি, কাশি, শুকনো কফ, জ্বর আছে, এবং শ্বাসকষ্টও আছে — করোনা হয়েছে।

৩। আমাদের দেশে অনেক ছিন্নমূল, ভাসমান সবজি বিক্রেতা জীবিকার তাগিদে বাইরে বের হবেন, কারণ তাদের প্রতিদিনের বিক্রয় থেকেই সংসার চলে। তাদের সবজি

কানাডার দিনলিপি

সামগ্রীগুলো কি সরকারি বা স্বেচ্ছাসেবক প্রতিষ্ঠানগুলোর স্বেচ্ছাসেবকরা দ্বিগুণ দামে কিনে সুবিধাবঞ্চিত মানুষের বাড়ি বাড়ি গিয়ে বিতরণ করতে পারে না?

৪। যারা ঝুঁকিপূর্ণ বা ভাইরাস বহন করতে পারেন এমন (যেমন প্রবাসফেরত, সংক্রমিত পরিবারের সদস্য ইত্যাদি) ব্যক্তিদের হাতে কি ভোট দেওয়ার মতো তারিখ সম্বলিত সিল মারা যায় না? যাতে তারা অন্য কোনো শহর বা হাসপাতাল বা বড় কোনো মুদিখানায় প্রবেশ করলে তাদের নজরদারি সহজ হয়, এবং ১৪ দিন না পেরোনো পর্যন্ত প্রবেশাধিকার না দেওয়া যায়। অনেক প্রবাসী মসজিদ বা জনসমাগমে যাওয়ার কারণে ভাইরাসটি দ্রুত ছড়িয়ে পড়েছে। তাই এই সুযোগ না দেওয়াই সমীচীন।

নিয়মিত হাত ধুয়ে নিন, স্বাস্থ্যবিধি মেনে চলুন। ভালো থাকুন, সুস্থ থাকুন, নিরাপদ থাকুন।

মাস লেভেলে করোনা

স্থান: অন্টারিও, কানাডা | সময়: ফেব্রুয়ারী ২০২১

ঘুম থেকে উঠেই খবরের কাগজটি হাতে নিলাম। “বাংলাদেশে কমিউনিটিতে মাস লেভেলে এখনো করোনা সংক্রমিত হয়নি সুতরাং আপনারা চিন্তা করবেন না” - এই IEDCR প্রতিষ্ঠানটি অকেজো ও অর্থহীন।

“বাংলাদেশের সরকার ব্যবস্থা করোনা থেকেও শক্তিশালী” – এসব বুলি আওড়িয়ে আর লাভ নাই। মাস লেভেলে অনেকে করোনা ভাইরাস নিয়ে ঘুরে বেড়াচ্ছে, দ্রুত বিস্তার লাভ করছে। পরিস্থিতি ভয়াবহ খারাপের দিকে যাচ্ছে। ইতালি, স্পেন-এর মত ভুল করলে ওদের মত আমাদের কেও মাশুল দিতে হবে। ইতালি তে ইতিমধ্যে ৪,৮৬০ জন মারা গেছে। স্পেন কয়েক হাজার ছাড়িয়ে গেছে।

বাংলাদেশে করোনা রোগীর সংখ্যা মাত্র ২০ জন, তাই চিন্তার কারণ নাই!! টেস্ট কীট এর অপ্রতুলতা, নিরাপত্তা সরঞ্জাম এর অভাব, তাই স্বাভাবিক ভাবেই চিকিৎসক এর চিকিৎসা সেবা দিতে অনীহা। করোনা রোগী তো ওই ২০ জনই থাকবে। আরও ২ সপ্তাহ পরও ২০ জনই থাকবে।

ভ্যাক্সিন যেহেতু বের হয়নি, দ্রুত আসার সম্ভাবনা ও নাই, টেস্ট কীট এরও যেহেতু অপ্রতুলতা, তাই একমাত্র অবলম্বন হচ্ছে এর বিস্তারটি রোধ করা। সবাই ধর্মীয় গোঁড়ামি বাদ দিয়ে বাসায় থাকুন। ১৫ দিন – ১ মাস কষ্ট করে হলেও একদম বাসায় বন্দী জীবনযাপন করুণ। পাবলিক গেদারিং, মসজিদে নামাজ ওয়াজ মাহফিল, ভোট, দাওয়াত খাওয়া, এসব বন্ধ করুন। সৌদি আরব পর্যন্ত মসজিদ বন্ধ করেছে। সবসময় সরকারকে দোষারোপ করেও খুব একটা লাভ নেই। এতো বিশাল জনসংখ্যার দেশে সরকারের একার পক্ষে এই দুর্যোগ মোকাবেলা করা প্রায় অসম্ভব।

কানাডার দিনলিপি

টেস্ট কীট অপ্রতুল হলে, সামর্থ্যবানরা চলে যেতে পারবেন সিঙ্গাপুর এ প্রিলিমিনারি টেস্ট করানোর জন্য। গরীব অসহায় মানুষগুলোর সেই সামর্থ্য নাই। তাই আমাদের মধ্য দিয়ে যাতে একজন গরীব বয়স্ক মানুষের মধ্যে না ছড়ায় সেই দায়িত্ব আমাদের মধ্যেও বর্তায়।

পাশের দেশসহ আক্রান্ত সব দেশ লকডাউন হচ্ছে। আমাদেরকেও দ্রুত সিদ্ধান্ত নিতে হবে। চারদিকে ভয়াবহ ভাবে ছড়িয়ে পড়ার আগেই, দয়া করে যত দ্রুত সম্ভব, সারাদেশ লকডাউন করুন।

লকডাউন এ যদি কাজ না হয়, সামরিক বাহিনী নামান। মানবিকতা পরে হবে। আগে জীবন বাঁচান।

কানাডার দিনলিপি

বিজ্ঞান এবং বিনোদন ভাবনাঃ

শয়তানের ত্রিভুজ

স্থান: অন্টারিও, কানাডা | সময়: জানুয়ারি ২০১৩

আমি বিশ্ববিদ্যালয় থেকে ফিরে বিশ্রাম নিচ্ছিলাম, হঠাৎ পত্রিকার একটি শিরোনামে চোখ পড়ল "শয়তানের ত্রিভুজ"। আমি ছোটবেলায় এই সম্পর্কে প্রথম ভৌতিক গল্প পড়েছিলাম। আর কিছুদিন আগে হিস্ট্রি চ্যানেলে এ নিয়ে একটা অনুষ্ঠান দেখলাম। এবং আমি বেশ কয়েকদিন ধরে এই বিষয়ে লিখতে চাইছি।

বারমুডা ত্রিভুজ, ডেভিলস ত্রিভুজ নামেও পরিচিত, আটলান্টিক মহাসাগরের একটি বিশেষ এলাকা যেখানে বেশ কিছু জাহাজ এবং প্লেন রহস্যজনকভাবে নিখোঁজ হয়েছে। অনেকে বিশ্বাস করেন যে এই নিখোঁজগুলি সাধারণ দুর্ঘটনার কারণে ঘটে যা প্রাকৃতিক দুর্যোগ বা অসাবধান চালকদের কারণে ঘটতে পারে। অনেকে বিশ্বাস করেন, একটি অতিপ্রাকৃত শক্তি বা ভিনগ্রহীয় সত্তার উপস্থিতি এই সমস্ত কিছুর জন্য দায়ী। যাইহোক, এটি দেখানোর জন্য যথেষ্ট তথ্য রয়েছে যে বারমুডা ত্রিভুজকে সংজ্ঞায়িত করার জন্য ব্যবহৃত কিছু বিপর্যয় ভুল, কিছু লেখকের দ্বারা অতিরঞ্জিত এবং কিছু অন্যান্য অঞ্চলের দুর্ঘটনা থেকে আলাদা করা যায় না। মেক্সিকো উপসাগর থেকে উষ্ণ সমুদ্রের স্রোত এই ত্রিভুজ জুড়ে প্রবাহিত হয়। এই শক্তিশালী স্রোত বেশিরভাগ অন্তর্ধানের জন্য দায়ী। এখানকার আবহাওয়া হঠাৎ করে আসা ঝড়ের মতো এবং গ্রীষ্মে ঘূর্ণিঝড়ের মতো। ২০ শতকে টেলিযোগাযোগ, রাডার এবং উপগ্রহ প্রযুক্তির আবির্ভাবের আগে, এই অঞ্চলে জাহাজ দুর্ঘটনা সাধারণ ছিল। এই এলাকাটি বিশ্বের অন্যতম ব্যস্ততম বাণিজ্যিক জাহাজ চলাচলের রুট। এই জাহাজ আমেরিকা, ইউরোপ এবং ক্যারিবিয়ান দ্বীপপুঞ্জে চলে। এটি অনেক তীর্থযাত্রীদের দ্বারা পরিদর্শন একটি স্থান। বাণিজ্যিক ও বাণিজ্যিক বিমান এই অঞ্চলের আকাশসীমায় বিভিন্ন রুটে উড়ে যায়। ত্রিভুজের

কানাডার দিনলিপি

ব্যাপ্তি ব্যাখ্যা করার জন্য বিভিন্ন লেখক বিভিন্ন মতামত উপস্থাপন করেছেন। এটি আকৃতিতে অনিয়মিত চতুর্ভুজ এবং কেউ কেউ বিশ্বাস করেন যে এটি ফ্লোরিডা প্রণালীর আটলান্টিক অঞ্চল, বাহামা, ক্যারিবিয়ান দ্বীপপুঞ্জ এবং অ্যাজোরস পর্যন্ত বিস্তৃত, অন্যদের মধ্যে মেক্সিকো উপসাগর অন্তর্ভুক্ত। কিন্তু লিখিত প্রতিবেদন থেকে যে চিত্রটি উঠে আসে তা হল ফ্লোরিডার আটলান্টিক উপকূল, সান জুয়ানস, পুয়ের্তো রিকো, মধ্য আটলান্টিকের বারমুডা দ্বীপপুঞ্জ এবং বাহামা এবং ফ্লোরিডা প্রণালীর দক্ষিণ সীমান্ত যেখানে বেশিরভাগ দুর্ঘটনা ঘটেছে।

যারা বারমুডা ত্রিভুজ নিয়ে লিখেছেন তাদের মতে, ক্রিস্টোফার কলম্বাসই প্রথম ত্রিভুজে তার অদ্ভুত অভিজ্ঞতার কথা লিখেছেন। তিনি লিখেছেন যে তার জাহাজের নাবিকরা দিগন্তে আলো নাচতে দেখেছে এবং আকাশে ধোঁয়া উঠছে। উপরন্তু, তিনি এখানে দিক চিহ্ন ব্যাখ্যা করেছেন। ১১ অক্টোবর, ১৪৯২ এর তার রিপোর্টে তিনি লিখেছেন:

"ভূমি প্রথমে দেখা গিয়েছিল একজন নাবিক (রোদ্রিগো দে ত্রিয়ানা) দ্বারা, যদিও অ্যাডমিরাল সেই রাতে দশটায় কোয়ার্টার-ডেকে দাঁড়িয়ে একটি আলো দেখেন, কিন্তু এটি এতই ছোট ছিল যে তিনি নিশ্চিতভাবে বলতে পারেননি এটি ভূমি; রাজা'র পোশাককক্ষের দায়িত্বে থাকা পেরো গুতিয়েরেজকে ডাকেন, এবং বলেন তিনি একটি আলো দেখেছেন, তাকেও দেখার অনুরোধ করেন, সেও দেখে; তারপর তিনি একই কথা বলেন রোদ্রিগো সানচেজ অব সেগোভিয়াকে, যিনি রাজা ও রানি কর্তৃক স্কোয়াড্রনের সাথে হিসাবরক্ষক হিসেবে প্রেরিত হয়েছিলেন, কিন্তু তিনি দেখতে পারেননি। অ্যাডমিরাল পরে আবার এক বা দুইবার আলো দেখতে পান, একটি মোমবাতির আলোর মতো যা ওপরে নিচে উঠানামা করছে; কেউ কেউ এটিকে ভূমির ইঙ্গিত মনে করলেও, অ্যাডমিরাল নিশ্চিত ছিলেন যে ভূমি কাছাকাছি।"

প্রকৃত লগ বইগুলি পরীক্ষা করা বিশেষজ্ঞরা এখন যে উপসংহারটি প্রকাশ করেছেন তার সারমর্ম হল যে নাবিকরা যে আলো দেখেছেন তা ছিল স্থানীয়

কানাডার দিনলিপি

লোকদের ব্যবহৃত একটি নৌকায় রান্নার আগুন, এবং কম্পাসের সমস্যাটি পরিবর্তনের কারণে হয়েছিল। ১৬ সেপ্টেম্বর, ১৯৫০ সালে, ই. ভি. ডব্লিউ. জোন্স প্রথম এই ত্রিভুজ সম্পর্কে সংবাদপত্রে লিখেছিলেন। দুই বছর পর, জর্জ এইচ স্যান্ড "আমাদের পেছনের দরজায় সাগরের একটি রহস্য" নামে একটি ছোট প্রবন্ধ লিখেছেন। এই নিবন্ধে, তিনি ফ্লাইট নাইনটিনের অন্তর্ধানের গল্প বলেছেন (পাঁচটি মার্কিন নৌবাহিনীর টিবিএম অ্যাভেঞ্জার বিমানের একটি দল যা একটি প্রশিক্ষণ মিশনের সময় নিখোঁজ হয়েছিল) এবং অজানা ত্রিভুজাকার অঞ্চলটি বর্ণনা করেছেন প্রথম।

১৯৬২ সালে, আমেরিকান লিজিয়ন ম্যাগাজিন ফ্লাইট নাইনটিন সম্পর্কে লিখেছিল। এই ফ্লাইটের ক্যাপ্টেন বলেছিলেন: "আমরা জানি না আমরা কোথায় আছি, জল সবুজ, সাদা নয়।" এর অর্থ: "আমি জানি না আমরা কোথায় আছি, সবুজ জল, সাদা কোথাও নেই।" এই প্রথম ফ্লাইট নাইনটিন একটি অতিপ্রাকৃত ঘটনার সাথে যুক্ত হয়েছে। তারপরে, ১৯৬৪ সালের ফেব্রুয়ারিতে, ভিনসেন্ট গ্যাডিস "মারণ বারমুডা ত্রিভুজ" নামে আরেকটি গল্প তৈরি করেন। এর উপর ভিত্তি করে তিনি "অদৃশ্য দিগন্ত" নামে আরও বিস্তারিত গ্রন্থ রচনা করেন। জন ওয়ালেস স্পেন্সার সহ আরও অনেক লেখক এই বিষয়ে বই লিখেছেন, যিনি লিখেছেন "ভুলে যাওয়া অন্তর্ধান" (১৯৬৯, পুনঃপ্রকাশ ১৯৭৩); চার্লস বার্লিটজ লিখেছেন "বারমুডা ত্রিভুজ" (১৯৭৪); রিচার্ড উইনার লিখেছেন "ডেভিলস ত্রিভুজ" (১৯৭৪) এবং আরও অনেক বই। অতিপ্রাকৃত ঘটনাকে বিভিন্ন সংস্করণে উপস্থাপন করেছেন।

কুশের গবেষণায় নিম্নলিখিতগুলি দেখিয়েছে:

* বিশ্বের অন্য কোনো মহাসাগরের তুলনায় বারমুডা ট্রায়াঙ্গলে খুব কম জাহাজ ও বিমান হারিয়েছে বলে রিপোর্ট করা হয়েছে।

* এই অঞ্চলটি নিয়মিতভাবে গ্রীষ্মমণ্ডলীয় ঝড় দ্বারা আঘাত হানে, যা জাহাজ এবং বিমানের অভাবের অন্যতম কারণ। কিন্তু বার্লিটজ এবং অন্যান্য লেখকরা অনেকাংশে এ ধরনের ঝড় এড়িয়ে গেছেন।

* লেখক অনেক ঘটনা বর্ণনা করতে ফ্যান্টাসি রং ব্যবহার করেছেন। অতিরিক্তভাবে, যদি আপনার নৌযান নির্ধারিত সময়ের চেয়ে দেরিতে বন্দরে পৌঁছায়, তাহলে সেটি নিখোঁজ বলে জানানো হবে।

* লেখক এমন অনেক ঘটনা উল্লেখ করেছেন যা আর কখনো ঘটেনি। উদাহরণস্বরূপ, 1937 সালে ফ্লোরিডার ডেটোনা বিচে একটি বিমান দুর্ঘটনা ঘটেছিল, যা সেই সময়ের সংবাদপত্রে রিপোর্ট করা হয়নি।

অতএব, কুশের গবেষণার উপসংহার নিম্নরূপ প্রকাশ করা যেতে পারে। লেখক হয় অজান্তে বা ইচ্ছাকৃতভাবে বারমুডা ট্রায়াঙ্গেল সম্পর্কে একটি মিথ্যা রহস্য তৈরি করেছেন।

ছবিসূত্র: ইন্টারনেট

কানাডার দিনলিপি

মহাদেশীয় শেলফে জমে থাকা প্রচুর পরিমাণে মিথেন হাইড্রেট অনেক জাহাজ দুর্ঘটনার জন্য দায়ী বলে দেখা গেছে। অস্ট্রেলিয়ার ল্যাবরেটরি গবেষণায় দেখা গেছে যে বাতাসের বুদবুদ পানির ঘনত্ব কমিয়ে দেয়। তাই, যখন সাগর নিয়মিত মিথেন নিঃসরণ করে, তখন পানির উচ্ছ্বাস (কিছু ভাসিয়ে রাখার ক্ষমতা) কমে যায়। এই এলাকায় এ ধরনের ঘটনা ঘটলে সতর্কতা জারি হওয়ার আগেই জাহাজটি দ্রুত ডুবে যেতে পারে।

১৯৮১ সালে, [মার্কিন ভূতাত্ত্বিক জরিপ] মার্কিন যুক্তরাষ্ট্রের দক্ষিণ উপকূলে [ব্ল্যাক রিজ] অঞ্চলে মিথেন হাইড্রেটের উপর একটি প্রতিবেদন প্রকাশ করে। আবার, আমরা ইউএসজিএস (ইউনাইটেড স্টেটস জিওলজিক্যাল সার্ভে) ওয়েবসাইট থেকে জানি যে গত ১৫০০ বছরে এই এলাকায় কোন গ্যাস হাইড্রেট হয়নি।

বারমুডা ট্রায়াঙ্গেলের ইতিহাসের সাথে কম্পাস রিডিংকে ঘিরে বিভ্রান্তি অনেক বেশি। এটি মনে রাখা গুরুত্বপূর্ণ যে একটি কম্পাস চৌম্বকীয় মেরু থেকে তার দূরত্বের উপর নির্ভর করে বিচ্যুত হবে। উদাহরণস্বরূপ, মার্কিন যুক্তরাষ্ট্রে, উইসকনসিন থেকে মেক্সিকো উপসাগর পর্যন্ত একটি সরল রেখা বরাবর শুধুমাত্র চৌম্বকীয় উত্তর মেরুটি ভৌগোলিক উত্তর মেরুকে সঠিকভাবে সংজ্ঞায়িত করে। এই মৌলিক তথ্য একজন অভিজ্ঞ গাইড জানা উচিত. কিন্তু সমস্যা হলো সাধারণ মানুষ এ বিষয়ে কিছুই জানে না। ত্রিভুজ এলাকার উপর কম্পাসের এই বিচ্যুতি তাদের কাছে অদ্ভুত বলে মনে হয়। যাইহোক, এটি সম্পূর্ণ স্বাভাবিক।

হারিকেন একটি শক্তিশালী ঝড়। অতীতে, আটলান্টিক মহাসাগরে বিষুবরেখার কাছে শক্তিশালী হারিকেন হাজার হাজার মানুষকে হত্যা করেছে এবং বিলিয়ন ডলারের ক্ষতি করেছে। রেকর্ড অনুসারে, 1502 সালে স্প্যানিশ নৌবহর ফ্রান্সিসকো ডি বোবাডিলা এমন একটি ধ্বংসাত্মক হারিকেনের প্রভাবে ডুবে যায়। বারমুডা ট্রায়াঙ্গেলের ইতিহাসের সাথে জড়িত অনেক ঘটনার জন্য এই ধরনের হারিকেন দায়ী।

কানাডার দিনলিপি

সমুদ্রের এই এলাকায় রয়েছে বিপজ্জনক পাথুরে এলাকা। এই এলাকায় প্রবল স্রোতও আছে... এমন পরিস্থিতিতে প্রায়ই এডি তৈরি হয়। তাই, পাথুরে এলাকা এবং স্রোতের কারণে নৌযান দুর্ঘটনার সম্ভাবনা বেশি এবং দুর্ঘটনা ঘটলে ধ্বংসাবশেষ খুব দ্রুত ছড়িয়ে পড়ে। তাই খুঁজে পাচ্ছি না। তবে যান্ত্রিক ত্রুটি বা আকাশে বিমানের ভুল প্রদর্শনের কোনো ব্যাখ্যা দেওয়া হয়নি।

পাথুরে ভূখণ্ড, সমুদ্রের স্রোত এবং এর ফলে প্রবাহিত হওয়ার কারণে, ধ্বংসাবশেষ খুঁজে পাওয়া কঠিন...তাই এই অঞ্চল সম্পর্কে সমস্ত ভয়ঙ্কর কথাবার্তা। তারপর এই গল্পের ডালপালা বেড়েছে।

এই জায়গায় একটি চৌম্বক ক্ষেত্র বা অন্য কিছু অতিপ্রাকৃত শক্তি আছে - কিন্তু এটি ভয়ংকর গল্পের বইতে বিদ্যমান... এবং কিছু পুরানো খবর (আমেরিকান খবর!) আছে যার কোন বৈজ্ঞানিক ভিত্তি নেই।

তথ্যসূত্র:

১. IntroductionBermudaTriangle.org
২. http://www.bermuda-triangle.org/html/aircraft_losses.html
৩. http://www.bermuda-triangle.org/html/missing_vessels.html

মুভি রিভিউ: ২০১২ মিথ

স্থান: অন্টারিও, কানাডা | সময়: অগাস্ট ২০১৩

যারা নিয়মিত ছবি দেখেন তারা নিশ্চয়ই জানবেন যে পৃথিবীতে এখন রোনাল্ড এমরিচ পরিচালিত "২০১২-উই ওয়ার ওয়ার্নড" ছবিটি নিয়ে রীতিমতো তোলপাড় শুরু হয়ে গেছে। ইতিমধ্যে ব্যাপক ব্যবসাসফল হয়েছে ছবিটি। যে ছবিটির কাহিনি নিয়ে খোদ নাসাও নানা প্রশ্নের সম্মুখীন হচ্ছে প্রতিদিন। নাসাবিজ্ঞানীদের কাছে প্রতিদিন শত শত মানুষ জানতে চাচ্ছে ২০১২ সাল আসলেই পৃথিবীর শেষ পরিণতির বছর কিনা?

ছবিটির কাহিনি নিয়ে কথা বলার আগে চলুন এর ব্যাকগ্রাউন্ড-টি সম্বন্ধে ঘাঁটাঘাঁটি করা যাক। প্রাচীন মায়ানিস্টরা তাদের নিউমারালজি ব্যবহার করে প্রায়ই ভবিষ্যদ্বাণী করত এবং সেগুলি একটি ক্যালেন্ডারে তাদের অদ্ভুদ ভাষায় লিপিবদ্ধ করে রাখত। প্রাচীন এই মায়ান ক্যালেন্ডারের তথ্য আধুনিক ভাষাবিজ্ঞানীরা পাঠোদ্ধার করার পর দেখা যায় সেখানে স্পষ্টভাবে উল্লেখ করা আছে যে, ২০১২ সালের ২১শে ডিসেম্বর হবে পৃথিবীর ৫১২৫ বছরের ইতিহাসে শেষ দিন। এই ভবিষ্যদ্বাণী করতে মিথলজিস্টরা কোন সংখ্যাতত্ত্ব ব্যবহার করেছিল সেটা এখনও জানা যায়নি। তবে মায়ানিস্টরা এর কারণ হিসেবে সৌর ঝড়, পৃথিবীর চৌম্বকক্ষেত্রের বিপর্যয়, ভূমিকম্প, অগ্ন্যুৎপাত সহ ইত্যাদি প্রাকৃতিক বিপর্যয়কে বেছে নিয়েছিল। নস্ট্রাডুমাসও এই ভবিষ্যদ্বাণী ব্যাপারে খানিকটা ইঙ্গিত দিয়ে গিয়েছিলেন।

মেইনস্ট্রিম মায়ানিস্টরা আরও দেখেছিল যে ২০১২ সালের পর শুধু পৃথিবীই নয়, সৌরজগতের আরও কিছু গ্রহ বড় ধরনের পরিবর্তনের মধ্য দিয়ে যাবে। মায়ান ক্যালেন্ডারের এই ভবিষ্যদ্বাণী উপজিব্য করেই রোনাল্ড এমেরিচের "২০১২" ছবিটি বানানো। তাহলে চলুন ছবিটির কাহিনীবিন্যাসে একটু নজর দেওয়া যাক।

২০০৯ সাল। আমেরিকান এক ভূবিজ্ঞানী এড্রিয়েন হেল্মাসলী তার ইন্ডিয়ান বন্ধু সাত্নামের সাথে দেখা করতে যায়। বিজ্ঞানী সাত্নাম তখন তার গবেষণায় দেখেছিল যে একটি বিশাল সৌর বিস্ফোরণের কারণে কারনে উৎগত নিউট্রিনোগুলো মাইক্রোওয়েভের মাধ্যমে পৃথিবীর অন্তস্থরের তাপমাত্রা অবিশ্বাস্যভাবে বাড়িয়ে দিচ্ছে।

এড্রিয়েন তখন এর পরিণতিটি অনুধাবন করার পর বিষয়টি আমেরিকার প্রেসিডেন্ট থমাস উইলসান এবং ওয়াইট হাউসের চিফ ইন স্টাফ-কে অবহিত করেন। পরে প্রেসিডেন্ট জি-৮ সম্মেলনে সব সদস্য রাষ্ট্রকে দূর্যোগটি সম্পর্কে সচেতন করে দেন। জি-৮ সংঘের সব সদস্য রাষ্ট্র তখন সিদ্ধান্ত নিল যে, একটি গোপন প্রজেক্টের মাধ্যমে তিনটি বিশাল জাহাজ বানানো হবে যেগুলো কমপক্ষে ৪ লাখ মানুষ বহন করতে পারে। এমনকি বাজেট উত্তোলনের জন্য বিত্তশালীদেরও এক বিলিয়ন ডলারের বিনিময়ে টিকেট বিক্রির সুযোগ দেয় তারা।

২০১২ সাল। জ্যাকসন নামে লসএন্জেলেসের একজন লেখক রাশিয়ান বিলিয়নার ইউরির ড্রাইভার হিসেবে পার্টটাইম কাজ করত। তখন জ্যাকসনের সাবেক স্ত্রী কেট এবং তাদের দু'সন্তান নোয়া ও লিলি তার নতুন বয়ফ্রেন্ড, শৌখিন পাইলট, গর্ডনের সাথে থাকত। জ্যাকসন একবার নোয়া এবং লিলিকে ইয়েলোস্টোন ন্যাশনাল পার্কে বেড়াতে নিয়ে গিয়েছিল। সেখানে তাদের সাথে পরিচয় হয় এক সন্ন্যাসী তথ্যবিদের(চার্লি)। চার্লি সেই পার্ক থেকে একটি রেডিও শো নিয়মিত প্রচার করত। সে ২০১২ সালে পৃথিবী ধ্বংসের ব্যাপারটা জানত এবং মনে প্রাণে বিশ্বাস করত। সে জাহাজ নির্মাণের গোপন প্রজেক্টের ব্যাপারে খোঁজ নিত। এমনকি জাহাজের অবস্থান চিহ্নিত ম্যাপটাও তার কাছে ছিল। ক্যালিফোর্নিয়াতে যখন মাটিতে ফাটল দেখা দিতে শুরু করল, তখন তারা বাড়ি ফিরে গেল এবং পরে জ্যাকসন একটি প্রাইভেট প্লেন ভাড়া করল তার পরিবারকে বাঁচানোর জন্য।

পরে যখন পুরো শহরটি প্রশান্ত মহাসাগরে তলিয়ে যেতে শুরু করল তখন জ্যাকসন তার পুরো পরিবার এবং গর্ডনকে নিয়ে শহর ছেড়ে আসতে লাগল।

পৃথিবীজুড়ে যখন প্রবল ভূমিকম্প হতে শুরু করল তখন তারা ইয়েলো স্টোনে চলে গেল চার্লির ম্যাপটা উদ্ধার করার জন্য। কিন্তু ইয়েলো স্টোনে তখন ভয়ংকর অগ্নোৎপাত শুরু হয়ে যাওয়ায় তারা কোনোভাবে প্রাণ নিয়ে পালিয়ে আসল। চার্লি, যে কিনা সবসময় পর্দার আড়ালে থেকে বিপযর্য়ের খবর রেডিওশোর মাধ্যমে সবাইকে জানাত, সেও ঐ অগ্নোৎপাতে প্রাণ হারাল।

জাহাজটি চীনে আছে জানতে পেরে জ্যাকসনরা প্রথমে লাসভেগাসে গিয়ে ইউরির সাথে দেখা করল। পরে ইউরি ও তার দু'ছেলে, গার্লফ্রেন্ড তামারা এবং পাইলট সাসা-ও তাদের সাথে যোগ দিল। তারপর তারা সবাই চীনের পথে রওয়ানা দিল। সেখানে পৌঁছার পর তাদের হাতে টিকেট না থাকায় তারা কোনোভাবেই ভিতরে প্রবেশ করতে পারল না। জ্যাকসন লক্ষ্য করল অনেক পশুকে কয়েকটি হেলিকপ্টার করে জাহাজের দিকে নিয়ে যাওয়া হচ্ছে। পরে এক বৌদ্ধ সন্ন্যাসীর প্রচেষ্টায় তারা একটি পশুবহনকারী হেলিকপ্টারের হাইড্রোলিক চেম্বারে করে গোপনে জাহাজের ভেতরে ঢুকে গেল।

একদিন সান্তাম বন্ধু এড্রিয়েনকে ফোন করে জানাল যে, একটি ভয়াবহ সুনামি পুরো ইন্ডিয়াকে গ্রাস করে নিচ্ছে এবং সেই সুনামিটি ক্রমান্বয়ে জাহাজের অবস্থানের দিকে ধেয়ে আসছে। কথাটি শোনামাত্রই এনুজার (জাহাজটির কমান্ডার ইন চিফ) জাহাজের মূল ফটকটি বন্ধ করতে নির্দেশ দিল। তখন বাইরে লাখ লাখ মানুষ অপেক্ষা করছিল জাহাজটির ভিতরে প্রবেশ করার আশায়। এড্রিয়েন তখন জাহাজের ভিতরে সবাইকে বুঝাতে সমর্থ হল যে তার ইন্ডিয়ান বন্ধুর গবেষণালব্ধ ফলাফল আজ না জানা থাকলে তাদেরকেও করুন মৃত্যুবরণ `করতে হত। পরে ক্যাপ্টেন মানবিক দিকটি বিবেচনা করে জাহাজের মূল ফটকটি খুলে দিতে কর্মচারীদের আদেশ দিল। তখন ধস্তাধস্বির সময় গর্ডন নিহত হল এবং তার দেহের কারণে একটি গেট বন্ধ না হওয়াতে জাহাজের ইঞ্জিন চালু হচ্ছিল না। তখন সুনামীটি তীব্রবেগে জাহাজের দিকে ধেয়ে আসছিল। পরে জ্যাকসন এবং নোয়া একত্রে অনেকক্ষন কাজ করে গেটটা বন্ধ করতে সমর্থ হল। জাহাজটিও

তখন চলতে শুরু করল। পরে জাহাজটি অল্পের জন্য মাউন্ট এভারেস্টের সাথে সংঘর্ষ হাত থেকে রক্ষা পায়।

যখন সুনামীর তাণ্ডবলীলা কমে আসতে শুরু করল তখন স্যাটেলাইটের ছবিতে দেখা গেল যে, আফ্রিকা মহাদেশ আবার নতুন করে গজে উঠতে শুরু করেছে এবং তখন আফ্রিকার ড্রাকেন্সবার্গ পর্বতটি পৃথিবীর উচ্চতম স্থান হিসেবে দেখা গেল। পরে জাহাজ তিনটি "গুড হউপ" বন্দরে গিয়ে ভিড়ল পরে জ্যাকসন, তার পরিবারের সাথে আবার বনিবনা করে ফেলল। আর এড্রিয়েন "লায়য়া" নামের একটি মেয়ের সাথে সম্পর্ক গড়ে তুলল।

শেষে পরিবর্তিত আফ্রিকা এবং এশিয়ার মানচিত্র সম্বলিত পৃথিবীর ছবি দেখিয়ে ছবিটির সমাপ্তি দেখানো হয়।

ছবিটির স্পেশাল এফেক্ট ছিল অত্যন্ত আকষর্নীয়। বিশেষ করে শহর ধ্বংসের যে ফুটেজগুলো তৈরি করা হয়েছে এককথায় সেগুলি ছিল চোখধাঁধানো। সাউন্ড এডিটিংয়েও ছবিটির উৎকর্ষতা গতানুগতিক ছবিগুলো থেকে আলাদা। কাহিনীবিন্যাসে গতিময়তা এ সবাইকে শেষ পর্যন্ত ধরে রাখবে নিঃসন্দেহে প্রায় তিন ঘণ্টার এই শ্বাসরুদ্ধকর ছবিটি দেখতে কেউই একঘেয়ে অনুভব করবেন বলে মনে হয়না।

ছবিটির কাহিনীতে বা মায়ানিস্টের ক্যালেন্ডারে যাই লিখা থাকুক না কেন আধুনিক মহাকাশবিজ্ঞানীরা কিন্তু এই ভবিষ্যদ্বাণী ভিত্তিহীন বলে উড়িয়ে দিচ্ছেন। নাসার বিজ্ঞানীরাও পৃথিবী ধ্বংসের আশু কোন সম্ভাবনাই নাই বলে সাফ জানিয়ে দিয়েছে। তারপরও সন্দেহবাতিক মানুষদের সন্দেহ তাতে কোনোভাবেই দুর হচ্ছে না। অনেকে এখন থেকেই দিনগুনা শুরু করে দিয়েছেন। দেখাই যাক তাহলে ২০১২ সালের ২১শে ডিসেম্বর আসলেই পৃথিবীর শেষ পরিণতির দিন কিনা?

তথ্যসূত্র:

১) মায়ানিক তথ্যপুঞ্জি

কানাডার দিনলিপি

২) ২০১২ ফিনমিনা
৩) মায়ার লং ক্যালেন্ডার

বিজ্ঞানের হিগস-বোসন বা 'ঈশ্বর কণা দর্শন!!

সকাল থেকেই ভয়াবহ গরম পড়েছে। ঘরে এসেই তরমুজ খেতে হয় এমন গরম। কানাডাতে গরমকালে বৃষ্টি হয় কম। শীতকালেই হয় বেশি। আমাদের দেশের অনেকটাই বিপরীত। বিশ্ববিদ্যালয় যাব, কিন্তু প্রকৃতির রুদ্রমূর্তি দেখে সিদ্ধান্ত বাদ দিলাম। থাক আজ না গেলে কোনো কোন ক্ষতি হবে না। ফ্রেশ হয়ে চায়ের পেয়ালা হাতে নিয়ে জানালার সামনে বসে বৃষ্টির জন অপেক্ষা করতে করতে ভাবলাম আজ একটু বিজ্ঞানের বিষয় নিয়ে নাড়াচাড়া করলে কি হয়। তাছাড়া চারদিকে ঈশ্বর কণা নিয়ে হইচই! পদার্থবিজ্ঞানের ছাত্র হিসেবে বিজ্ঞানবিষয়ক একটা কিছু তো লিখাই যায়। তাহলে চলুন আর কথা না বাড়িয়ে বিজ্ঞানের অন্যতম বড় প্রজেক্ট এলএইচসি হয়ে ঘুরে আসি।

কি সব হৈ চৈ হচ্ছে! হিগস নামে কী জানি পাওয়া গেছে? এটা কি জিনিস? তাহলে সেটাই না হয় আগে পরিষ্কার করি। হিগস ১৯৬৪ সালে শক্তি হিসেবে এমন একটি কণার ধারণা দেন, যা বস্তুর ভর সৃষ্টি করে। এর ফলে এই মহাবিশ্ব সৃষ্টি সম্ভব হয়। এ কণাটিই 'ঈশ্বর কণা' নামে পরিচিতি পায়। বস্তুর ভর এই ব্রহ্মাণ্ডে প্রায় সব চেয়ে গুরুত্বপূর্ণ জিনিস। কণার ভর না থাকলে তা ছোটে আলোর বেগে। জোট বাঁধে না কারও সঙ্গে। অথচ এই ব্রহ্মাণ্ড জুড়ে বস্তুর পাহাড়। গ্যালাক্সি, গ্রহ-নক্ষত্র। পৃথিবী নামে এক গ্রহে আবার নদী-নালা গাছপালা। এবং মানুষ। সবই বস্তু। কণার ভর না থাকলে, থাকে না এ সব কিছুই। পদার্থের ভর, সুতরাং, অনেক কিছুর সঙ্গে মানুষেরও অস্তিত্বের মূলে। ভর-রহস্যের সমাধান মানে, মানুষের অস্তিত্ব ব্যাখ্যা। এত গুরুত্বপূর্ণ ব্যাখ্যা দিতে পারে যে কণা, তার নাম তাই সংবাদ মাধ্যমে হয়ে দাঁড়িয়েছে 'ঈশ্বর কণা'।

ইউরেকা! একবিংশ শতাব্দীর। "আমি বুঝতে পেরেছি," সংস্থার মহাপরিচালক রল্ফ হিউয়ার বুধবার সার্ন ইনস্টিটিউটের একটি পরিপূর্ণ অডিটোরিয়ামে বলেছিলেন। আমি যা খুঁজছিলাম তা পেয়েছি, এবং এই মন্তব্যের মাধ্যমে এটি আধুনিক পদার্থবিজ্ঞানের সবচেয়ে ব্যয়বহুল এবং দীর্ঘ প্রতীক্ষিত পরীক্ষার ফলাফল হিসাবে পরিচিত হয়ে ওঠে। অবশেষে, ব্যাপক উৎপাদন শেখার জন্য ৪৫ বছরের অপেক্ষার অবসান হল। গবেষকরা দাবি করেছেন যে প্রাপ্ত তথ্যে তারা সেই তথ্য সংরক্ষণ করতে সক্ষম হয়েছিল যে তারা ১২৫-১২৬ গিগা ইলেকট্রন ভোল্ট কণার হালকা বোমাবর্ষণ অনুভব করেছিল। এই কণাটি প্রোটনের চেয়ে ১৩০ গুণ বেশি ভারী।

যখন সার্ন এই খবর ঘোষণা করে, তখন অনুষ্ঠানস্থলে উল্লাস ছড়িয়ে পড়ে। হিগস গবেষক নিজেই এই পরীক্ষার ফলাফল নিয়ে সন্তুষ্ট। ভূগর্ভস্থ টানেলগুলিতে মহাবিস্ফোরণের একটি "ছোট সংস্করণ" তৈরি করার প্রয়াসে, এলএইচসি এর বিজ্ঞানীরা আলোর গতির কাছাকাছি খুব উচ্চ গতিতে কণার সাথে সংঘর্ষ করছে। পরীক্ষাটি সার্ন এর ২৭ কিলোমিটার দীর্ঘ উপবৃত্তাকার এলএইচসি টানেলে ন্যানোসেকেন্ডে ৭ বিলিয়ন ইলেকট্রন ভোল্টের রেকর্ড গতিতে পরিচালিত হয়েছিল, যা প্রায় আলোর গতি। এই তত্ত্ব অনুসারে, হিগস বোসন ছাড়া মহাবিশ্ব তৈরি করা কণাগুলি স্যুপের মতো হবে। এই সম্পর্কিত তত্ত্বটি বর্ণনা করে যে কীভাবে কণাগুলি একত্রিত হয়ে গ্রহ এবং নক্ষত্র থেকে জীবন পর্যন্ত সবকিছু তৈরি করে। ১৯৬০ সালে, ব্রিটিশ পদার্থবিদ পিটার হিগস এই কণাটি তাত্ত্বিকভাবে আলোচনা করেছিলেন। তারপরে, গত ৫০ বছর ধরে, বিজ্ঞানীরা বারবার "ঈশ্বর কণা" এর অস্তিত্ব প্রমাণ করার চেষ্টা করেছেন - সফলতা ছাড়াই। এমনকি স্ট্যান্ডার্ড মডেলও মহাবিশ্বের সবকিছু ব্যাখ্যা করতে পারেনি। মাত্র ৪% বস্তু আবিষ্কৃত হয়েছে। বাকি ৯৬ শতাংশ কোথায় গেল?

কানাডার দিনলিপি

বিজ্ঞানীরা আশা করছেন যে নতুন আবিষ্কৃত কণাগুলি অনুপস্থিত কণাগুলির ৯৬ শতাংশ খুঁজে পেতে সহায়তা করবে।বিজ্ঞান, বিশেষ করে পদার্থবিদ্যা এবং জ্যোতির্বিদ্যা, একটি শেষ প্রান্তে পৌঁছেছে, যেহেতু নতুন জ্ঞান, নতুন কণার আবিষ্কার বা মহাবিশ্বের সবচেয়ে দূরবর্তী কোণে গ্যালাক্সিগুলোর পর্যবেক্ষণের জন্য বিশেষ যন্ত্রের প্রয়োজন, শত শত বিজ্ঞানী, প্রকৌশলী এবং সংশ্লিষ্ট ব্যক্তিদের শ্রম। দিনের জন্য, অনেক দেশের কর্মকর্তাদের দ্বারা প্রয়োজনীয়। অবশ্যই, এই ধরনের কাজের জন্য শুধুমাত্র যোগ্য ব্যক্তিদের প্রতিভা এবং দক্ষতাই নয়, প্রচুর অর্থও প্রয়োজন। এই অর্থ পাওয়ার জন্য, বিজ্ঞানীদের অবশ্যই সরকারি সংস্থাগুলির কাছে বিস্তারিত প্রস্তাব জমা দিতে হবে এবং একটি নির্দিষ্ট পরিমাণ অর্থের জন্য অন্যান্য বিজ্ঞানীদের সাথে প্রতিযোগিতা করতে হবে। পরিকল্পনা, তহবিল সংগ্রহ এবং নির্মাণ সময়ের মধ্যে, এই ধরনের একটি প্রকল্প সম্পূর্ণ হতে প্রায় দুই দশক সময় লেগেছে। এক দেশের পক্ষে এসব খরচ বহন করা অসম্ভব। তাই, এই বিশাল গবেষণাগারটি ইউরোপীয় দেশগুলির যৌথ অর্থায়নে এবং বিশ্বের অনেক দেশের সহায়তায় নির্মিত হয়েছিল। হিগস বোসনের আবিষ্কার মহাবিশ্বকে বোঝার ক্ষেত্রে একটি বড় মাইলফলক হবে বলে আশা করা হচ্ছে।

আলোর গতিতে ভ্রমণকারী প্রোটন কণার সংঘর্ষ হয়। সরাসরি আঘাতে তারা ধ্বংস হয়ে যায়। একটি অকল্পনীয় পরিমাণ "শক্তি" আবিষ্কৃত হয়েছিল। বিশ্বব্যাপী মহাবিশ্ব এক সেকেন্ডের এক মিলিয়নতম সময়ের পরে আবির্ভূত হয়। আলবার্ট আইনস্টাইনের আবিষ্কৃত আইন অনুসারে সংঘর্ষের বিশাল শক্তি কোটি কোটি ক্ষুদ্র কণা তৈরি করেছিল। তাদের পুনরুজ্জীবনের পর, তারা এক সেকেন্ডের বিলিয়ন বিলিয়ন ধ্বংস হয়ে যায় এবং নতুন কণার জন্ম দেয়। বৈজ্ঞানিক গণনা অনুসারে,

রিপন দে

প্রোটন-প্রোটন সংঘর্ষের শক্তিই পদার্থের ভরের নির্ধারক উপাদান "ঈশ্বর কণা"। যাদের পুনর্জন্ম হয় তারা নতুন কণা তৈরির মাধ্যমে ধ্বংস হয়ে যায়।

স্টিফেন হকিং তার জুয়া খেলার জন্য পরিচিত। এবং অবশ্যই বিজ্ঞান সম্পর্কে। ঈশ্বর কণা উপর ১০০ ডলার বাজি। মিশিগান বিশ্ববিদ্যালয়ের বিজ্ঞানী গর্ডন কেনের সাথে। তিনি বলেছিলেন যে তিনি কণাটি খুঁজে পাচ্ছেন না। তার মন্তব্য সার্ন-এ আজকের ঘোষণার পরে যে পিটার হিগস নোবেল পুরস্কারের যোগ্য। হকিং মজা করে বলেছিলেন যে তিনি নতুন আবিষ্কৃত কণাটিকে "ব্যয়বহুল" বলে মনে করেছেন। "আমি মনে করি আমি ১০০ ডলার হারিয়েছি!"

এর পরে, এর পটভূমি সম্পর্কে কথা বলা যাক। সবচেয়ে বড় বৈজ্ঞানিক উদাহরণ হল সুইজারল্যান্ডের জেনেভায় অবস্থিত লার্জ হ্যাড্রন কোলাইডার (এলএইচসি)। এলএইচসি মানবতার দ্বারা নির্মিত সবচেয়ে জটিল যন্ত্র হিসাবে বিবেচিত হয়। সুতরাং, এটি মহান প্রযুক্তির একটি উদাহরণ। এই যন্ত্রটি ভূগর্ভে ৫০ থেকে ১৭৫ মিটারের মধ্যে অবস্থিত এবং এর পরিধি ২৭ কিলোমিটার। এটি আলোর গতির খুব কাছাকাছি গতিতে প্রোটন কণা পরিবহণ করে এবং উচ্চগতির কণাগুলি একে অপরের সাথে সংঘর্ষের কারণ হয়। এই সংঘর্ষ হিগস বোসন সহ সমস্ত নতুন এবং অজানা কণা তৈরি করবে বলে বিশ্বাস করা হয়, যা বিজ্ঞানীরা খুঁজছেন। হিগস বোসন কেন পদার্থের ভর (বা ওজন) এর উত্তর দেয়।

১৯৬০-এর দশকে, বেশ কয়েকজন বিজ্ঞানী (পিটার হিগস সহ) একটি ক্ষেত্র তৈরি করেছিলেন যা বিভিন্ন কণার সাথে মিথস্ক্রিয়া করে এবং পৃথিবীর মহাকর্ষীয় ক্ষেত্রে তাদের ভর বা ওজন দেয়। ইলেকট্রন যদি দ্রুত চলতে চায়, হিগস ক্ষেত্র এটিকে ধীর করে দেয়, কিন্তু ইলেকট্রনের ভর (বা ওজন) থাকায় এটি দ্রুত চলতে পারে

না। আসলে, এর ভর হিগস ক্ষেত্রের সাথে ইলেকট্রনের মিথস্ক্রিয়া থেকে আসে। হিগস ক্ষেত্র ছাড়া, কণা বা বস্তুর কোন ভর (বা ওজন) থাকবে না।

হিগস ক্ষেত্রের অস্তিত্ব কীভাবে প্রমাণ করা যায়? একটি চলমান ইলেকট্রন কণা যেমন একটি তড়িৎ চৌম্বক ক্ষেত্র দ্বারা সংসর্গী হয়, কেউ অনুমান করতে পারেন যে হিগস ক্ষেত্রের সাথে একটি হিগস কণা (বা হিগস বোসন) থাকবে। হিগস কণা আবিষ্কারের জন্য এলএইচসি তৈরি করা হয়েছিল। যাইহোক, এলএইচসি-এর অন্যান্য লক্ষ্যগুলির মধ্যে রয়েছে তথাকথিত অতিসমমিত কণাগুলির একটি গ্রুপ অনুসন্ধান করা এবং তিনটি পরিচিত স্থানিক মাত্রার বাইরে অন্যান্য মাত্রা অনুসন্ধান করা। নিঃসন্দেহে, এই গবেষণাগুলি আমাদের এই মহাবিশ্বের মৌলিক কাঠামো নির্ধারণ করতে সাহায্য করবে।

এলএইচসি যন্ত্রের কেন্দ্রে প্রায় ১,৬০০টি শক্তিশালী ইলেক্ট্রোম্যাগনেটিক চুম্বক রয়েছে যা প্রোটন সহ বিভিন্ন চার্জযুক্ত কণাকে বৃত্তাকার অরবিটাল টানেলে নিয়ে যায়। প্রতিটি ২৭-টন চুম্বককে সর্বদা পরম শূন্য (মাইনাস ২৭৩ ডিগ্রি সেলসিয়াস) এর কাছে রাখতে হবে। এই শীতল প্রক্রিয়ার জন্য প্রায় ১০,০০০ টন তরল নাইট্রোজেন এবং ১২০ টন তরল হিলিয়াম প্রয়োজন। উৎপাদিত হিলিয়ামের একটি উল্লেখযোগ্য অংশ এলএইচসি-তে ব্যবহার করা হবে। ১০০টি দেশের প্রায় ১০,০০০ বিজ্ঞানী এবং প্রকৌশলী এলএইচসি-তে প্রত্যক্ষ বা পরোক্ষভাবে জড়িত। এখন পর্যন্ত এটি প্রায় ৫০০ মিলিয়ন ডলার খরচ করেছে। ৩৩টি দেশের ১৫২টি ডেটা সেন্টার এলএইচসি ডেটা বিশ্লেষণের জন্য প্রায় ১,৪০০০০ প্রসেসিং ইউনিট সহ বিশ্বের বৃহত্তম কম্পিউটার তৈরি করেছে।

বড় বিজ্ঞান এবং এর সাথে আসা জটিল সরঞ্জামগুলি বিপজ্জনক চ্যালেঞ্জ নিয়ে আসে। অবশ্যই, এলএইচসি-এর মতো একটি বিশাল মেশিনকে ক্ষুদ্রতম বিবরণে নিয়ন্ত্রণ করা অসম্ভব।

এলএইচসি চালু হওয়ার মাত্র নয় দিন পর, বৈদ্যুতিক ত্রুটির কারণে এর স্টোরেজ কনটেইনার থেকে প্রায় ছয় টন হিলিয়াম বেরিয়ে যায়। এটি তাপমাত্রার দ্রুত বৃদ্ধি এবং চৌম্বক ক্ষেত্রের দ্রুত পতন ঘটায়, প্রচুর পরিমাণে শক্তি নির্গত করে। পশ্চাদপসরণের ফলে বেশ কয়েকটি ভারী চুম্বক মাটি থেকে পড়েছিল। মাটিতে পড়ে থাকা হিলিয়াম এলএইচসি টানেলকে এতটাই ঠান্ডা করেছিল যে কয়েক সপ্তাহ ধরে শ্রমিকরা এতে প্রবেশ করতে পারেনি। টানেলের ক্ষতিগ্রস্ত অংশগুলো মেরামত করতে এবং ভবিষ্যতে এ ধরনের ঘটনা রোধ করতে দীর্ঘ সময় লেগে যায়। এর মানে হল ২০১০ সালের আগে এলএইচসি চালু করা যাবে না।

বহু বছর আগে আমরা যখন বৈজ্ঞানিক গবেষণার কথা ভাবি, তখন আমরা মনে করি আইনস্টাইন তার ডেস্কে একা কাজ করতেন, অথবা সত্যেন বোস ঢাকা বিশ্ববিদ্যালয়ে তার অফিসে বসে আইনস্টাইনকে তার কাজের বিষয়ে গোপনে চিঠি লিখতেন। যদিও তাত্ত্বিক বিজ্ঞান এখনও কিছুটা এইভাবে কাজ করে, সারা বিশ্বে যোগাযোগ ব্যবস্থার (বিশেষ করে ইন্টারনেট) উন্নতির জন্য ধন্যবাদ, যারা কলম এবং কাগজ দিয়ে কাজ করে তারা বিশ্বজুড়ে তাদের সতীর্থদের সাথে সহজেই যোগাযোগ করতে পারে।

অন্যদিকে, রসায়ন এবং জীববিদ্যা ক্রমশ আন্তঃবিভাগীয় হয়ে উঠছে; এর মানে হল যে তাদের গবেষণার বিষয় এবং পদ্ধতিগুলি বিভিন্ন বিষয়ের ক্ষেত্রের সংমিশ্রণে তৈরি করা হয়েছে। উদাহরণস্বরূপ, পদার্থবিদ, রসায়নবিদ, জীববিজ্ঞানী এবং

কম্পিউটার প্রকৌশলীরা মস্তিষ্কের স্নায়ু কোষের উপর একসাথে কাজ করে। তারা বোঝার চেষ্টা করছে কীভাবে নিউরন একে অপরের সাথে যোগাযোগ করে নিউরোট্রান্সমিটার নামক রাসায়নিক পদার্থ ব্যবহার করে যা সংবেদন এবং অন্তর্দৃষ্টি তৈরি করে। অথবা উপরের সবগুলি, প্লাস ভূতত্ত্ববিদ এবং পরিবেশগত প্রকৌশলীরা বায়ুমণ্ডলে কার্বনের পরিমাণ কমাতে বা সূর্য, বাতাস বা জোয়ার থেকে পুনর্নবীকরণযোগ্য শক্তি তৈরি করতে কাজ করছেন। কিছু পশ্চিমা বিশ্ববিদ্যালয় আন্তঃবিষয়ক ক্ষেত্রে ডক্টরেট অফার করে, যেমন জীবরসায়ন এবং পদার্থবিজ্ঞান বা কম্পিউটার বিজ্ঞান এবং জীববিজ্ঞানের সমন্বয়। অনেক বিষয় যা একসময় একক ছিল এখন আন্তঃবিভাগীয়।

এর অর্থ এই নয় যে পদার্থবিদ্যা বা রসায়নের সমস্ত মৌলিক বিষয়গুলি সমাধান করা হয়েছে। আমরা আবার একটি বৈজ্ঞানিক মোড়ে আছি। মৌলিক তাত্ত্বিক বিজ্ঞানের পরবর্তী ধাপের জন্য পর্যবেক্ষণ প্রয়োজন। কারণ পর্যবেক্ষণ ছাড়া বিজ্ঞানীরা যে মহাবিশ্বের মডেল তৈরি করেন তার সত্যতা যাচাই করা যায় না। এবং পর্যবেক্ষণের জন্য বড় বিজ্ঞান এবং বড় প্রযুক্তির প্রয়োজন হবে হাবল টেলিস্কোপ বা এলএইচসি-এর মতো যন্ত্র, উভয় প্রকল্পেরই প্রতিটির খরচ ৫০০ মিলিয়নের বেশি।

অনেকের মনে প্রশ্ন জাগতে পারে যে আপাতদৃষ্টিতে ব্যবহারিক এবং মূল্যহীন বিজ্ঞানে এই সমস্ত সম্পদ বিনিয়োগ করে লাভ কী? এই প্রশ্নটি তুচ্ছ নয়, তবে বিজ্ঞানের জন্য কী প্রয়োজনীয় এবং কী অপ্রয়োজনীয়, সাধারণভাবে সভ্যতার বিকাশে জ্ঞানের গঠন কীভাবে হওয়া উচিত? অন্যান্য প্রকল্পে কত খরচ হয়েছে? অ্যাপোলো কর্মসূচি, মানবতার অন্যতম সফল প্রকল্প, সফলভাবে ১২ জন মানুষকে চাঁদে অবতরণ করেছে। ১৯৬২ থেকে ১৯৭২ পর্যন্ত, প্রোগ্রামটির খরচ প্রায় ১৩৫০

বিলিয়ন (২০০৫ ডলার)। আমাদের ব্যস্ততম বছরে, প্রায় ৪০০,০০০ মানুষ বিভিন্ন উপায়ে প্রোগ্রামে অংশগ্রহণ করেছিল। ১৯৬৬ সালে, নাসার বাজেট ছিল মার্কিন যুক্তরাষ্ট্রের ফেডারেল বাজেটের ৫.৫%। ২০০৯ সালে এটি ছিল ০.৫২%, কিন্তু প্রকৃত ডলারে তা অর্ধেক হয়েছে। প্রায় একই সময়ে, ভিয়েতনাম যুদ্ধের খরচ হয়েছিল ৬৮৬ বিলিয়ন (২০০৮ ডলারে), যা মার্কিন যুক্তরাষ্ট্রের ২.৩ শতাংশ। তার সবচেয়ে ব্যয়বহুল বছরে মোট দেশীয় পণ্য (ক্ষতি ব্যতীত)। এদিকে, ইরাক ও আফগানিস্তানের যুদ্ধ সহ ৯/১১ থেকে, মার্কিন যুক্তরাষ্ট্র গত বছর এ পর্যন্ত ৮৫৯ বিলিয়ন ব্যয় করেছে, যা তার সবচেয়ে খারাপ বছরে জাতীয় উৎপাদনের ১.২ শতাংশ। কোন ভুল করবেন না, এলএইচসি-এর ৫০০ মিলিয়ন এই সংখ্যার তুলনায় ছোট। তদ্ব্যতীত, মহান বিজ্ঞানের অনুসন্ধানগুলি সমস্ত মানবতার জন্য একটি স্থায়ী সুবিধা হবে।

এটা বলার অপেক্ষা রাখে না যে বিজ্ঞান ও প্রযুক্তিতে একটি দেশের বরাদ্দের মাত্রা তার স্থিতিশীলতার উপর নির্ভর করে। যাইহোক, একটি দেশের ভবিষ্যৎ দিকনির্দেশ নির্ভর করে তার বাজেটের কতটুকু শিক্ষা ও বিজ্ঞানে বরাদ্দ করা হয় তার উপর। ২০০৫ সালের তথ্যের ভিত্তিতে, বাংলাদেশ শিক্ষার জন্য তার জিডিপির ২.৪% (র্যাঙ্ক ১১৯), ভারত ৪.১% (র্যাঙ্ক ৮১), মার্কিন যুক্তরাষ্ট্র ৫.৭% (৩৭ তম), নরওয়ে ৭.৬% (র্যাঙ্ক ১৪) এবং কিউবা শিক্ষার জন্য ব্যয় করেছে ১৮.৭% (প্রথম স্থান)। বাংলাদেশের বাজেটে শিক্ষাকে কখনোই অগ্রাধিকার দেওয়া হয়নি। বাজেট ঘোষণার পর বিজ্ঞান ও প্রযুক্তির বণ্টন নিয়ে গণমাধ্যমে তেমন আলোচনা হয়নি।

সবার শেষে শুধু এটুকুই বলছি, বিজ্ঞান কি তাহলে ‘ঈশ্বর সৃষ্টি” দর্শনের সন্নিকটে??

কানাডার দিনলিপি

কৃতজ্ঞতা: ইউনিভার্সিটি অব ক্যালিফোর্নিয়ার রিভারসাইড ক্যাম্পাসে জ্যোতির্বিদ্যার গবেষক দীপেন ভট্টাচার্য।

মুভি রিভিউ: থার্ড পারসন সিঙ্গুলার নাম্বার

স্থান: অন্টারিও, কানাডা | সময়: জুন ১২, ২০১৬

আজ সময় সুযোগ পেয়ে স্টেজ ভিউতে দেখে নিলাম মোস্তফা সরয়ার ফারুকীর "থার্ড পারসন সিঙ্গুলার নাম্বার"। আপাতদৃষ্টিতে আমার ভালো লেগেছে সন্দেহ নাই। ছোট দাগে মানুষিক টানাপড়েন আর অসহায় নারীর বাধ্য হয়ে ভিন্ন পথ অবলম্বন করার কাহিনি নিয়ে ছবি "থার্ড পারসন সিঙ্গুলার নাম্বার"। মোশাররফ আর তিশার স্বভাবসুলভ ভালো অভিনয়। যথারীতি আবুল হায়াতের অত্যন্ত শক্তিশালী অভিনয়। রুবার গায়ক বন্ধুর চরিত্রে বেমানান তপু। এ চরিত্রে আমার মনে হয় চঞ্চল মানাতো ভালো। হয়ত মেকার চরিত্রের চাহিদা থেকে বন্ধুবাৎসল্য এবং গানের কেমিস্ট্রিকে বেশি প্রায়োরিটি দিয়েছেন। রুবার বোনের চরিত্রটি আমার কাছে সাবলীল মনে হয়েছে। কাহিনি বিন্যাসক দক্ষতা প্রমাণের চেষ্টা করেছেন নিঃসন্দেহে । বেশিরভাগ কারেক্টারের অভিনয় গতানুগতিক। কয়েকটি দৃশ্যে অযাচিত বাহুল্যের মেকি চেষ্টা। মুভির গানগুলো মানানসই হলেও আবহ সংগীতে তেমন বিশেষত্ব নেই। তবে বেশ কিছু সংলাপ চমৎকার। মুভির সবচেয়ে বড় দুর্বলতা নাটকসুলভ সিনেমাটোগ্রাফি। অন্যদিকে নতুনত্ব দেখাবার প্রচেষ্টা কল্পনার উপস্থাপনে। পরিচালক মোস্তফা সরয়ার ফারুকীর "থার্ড পারসন সিঙ্গুলার নাম্বার" ক্যানভাসে নিজের মুন্সিয়ানার পূর্ণ পরিচয় দিতে পারেননি যেরকমটা আমার প্রত্যাশা ছিল। হয়তো উনার মত খুব ভাল মেকারের কাছ থেকে আরও বেশি এক্সপেক্টশেন ছিল। অবশ্য সবমিলিয়ে বাংলা ছবির প্রেক্ষাপটে মুভিটি উপভোগ্য বলা চলে তবুও ধয্যং ধরানং আবশ্যকং!

প্রথমেই তথ্যসূত্র। গত ১১ ডিসেম্বর প্রেক্ষাগৃহে মুক্তি পেয়েছে ছবিটি। ছবির কাহিনিকার আনিসুল হক, প্রযোজনা প্রতিষ্ঠান ইমপ্রেস টেলিফিল্মের ব্যবস্থাপনা পরিচালক ফরিদুর রেজা সাগর, অভিনয়শিল্পী তিশা, মোশাররফ করিম, তপু, আবুল হায়াৎ ও মোস্তফা সরয়ার ফারুকীর অন্যান্য টিম উল্লেখ্য যে ফারুকী এবং লেখক আনিসুল হক যৌথভাবে ছবির চিত্রনাট্য লিখেছেন।

প্রকৃতপক্ষে আমাদের দেশের তথাকথিত মূলধারার চলচ্চিত্রের গতানুগতিক কাহিনি ও সিনেমাটোগ্রাফী নিয়ে মধ্যবিত্ত দর্শকের অসন্তোষ দীর্ঘদিনের। তবে তাদের রুল-রুচির সাথে মানানসই ভিন্নধারার শৈল্পিক ও বাস্তবধর্মী চলচ্চিত্রও আমাদের দেশে তৈরি হচ্ছে না, তা না। ইদানীং কিছু কিছু ক্ষেত্রে দেখা যাচ্ছে বাংলাদেশের মধ্যবিত্ত দর্শক কোন কোন ছবি দেখার জন্য দল বেঁধে সিনেমাহলে ঢুকছে। মোস্তফা সরয়ার ফারুকী নির্মিত থার্ড পারসন সিঙ্গুলার নাম্বার ছবিটি তার মধ্যে হয়ত একটি।

এটাকে চিন্তাশীল ও বিশ্লেষণী ছবি হিসেবে আখ্যায়িত না করলেও, ছবিটির বক্তব্য ও নির্মাণশৈলীর খুঁটিনাটি বিভিন্ন দিকের জন্য ভালো লেগেছে। ফারুকী মূলত ভোগবাদী সংস্কৃতিকে গুরুত্ব দিয়েছেন এখানে অর্থাৎ বর্তমান পরিবেশে একজন অবিবাহিতা নারীকে যে যে সমস্যার সম্মুখীন হতে হয় তার বর্ণনা তুলে ধরার চেষ্টা করেছেন এই ছবিটির মধ্য দিয়ে। তবে আমার কাছে মনে হয়েছে প্রৌঢ়দের অসংযত আচরণের দৃশ্যগুলিতে রুরার কৌতুকপূর্ণ অভিলাষ একজন বাস্তব অসহায় মেয়ের পরিস্থিতির গুরুত্বকে ম্লান করে দিয়েছে। আবুল হায়াতের সিঁড়ি বেয়ে চলে যাওয়া অনেকটা বাস্তবতা বিবর্জিত মনে হয়েছে। রুবাকে মাঝামাঝি সাহসী মেয়ে আবার পরক্ষণেই অসহায় মেয়ের ক্যারেক্টার দিয়ে মুড়িয়ে দেয়া হয়েছে যা মূল থিমের সাথে বেমানান বলেই মনে হয়েছে আমার কাছে। ঠিক যেমন রুবার বাস্তবতা বিবর্জিত সচ্ছল এবং স্বস্তি পূর্ণ জীবন কামনা করিনি (তপুর পারসপেক্টিভ ঘটনা)। তাছাড়া একটি টানাপোড়নের মধ্যে দিয়ে যাওয়া অসহায় মেয়ের পরিশীলিত পোশাক শৈলী অপরিপক্ক বলে মনে হয়েছে। চলচ্চিত্রকে চিত্তাকর্ষক করতেই বোধহয় পরিচালক এই কাজগুলো করেছেন।

ছবিটির ভালো লাগা দিকগুলোর মধ্যে কয়েকটি বিষয় উল্লেখ করতে হয়। ছবিটিতে দু'জন সঙ্গীর (তপু এবং মোশাররফ) মধ্যে একজনকে বেছে নেয়ার ব্যাপারে রুবার মধ্যে মানসিক টানাপড়েন টা প্রদর্শনের জন্য মাল্টিপল পাসোর্নালিটির এডিশনটা (সোঁ আদতে থার্ড পারসন প্লুরাল নাম্বার) ছবিটিতে একটা ভিন্ন আঙ্গিক দেয় নিঃসন্দেহে তিশার মৃত মায়ের সাথে তিশার পরলৌকিক যাপিত ছবি (যে স্বপ্নটা টা দেখে পুকুরের পাশে দাড়িঁইয়ে) পরিচালকের ভিন্নধর্মী সৃষ্টিশীলতার পরিচয়

দেয়। প্রথমবস্তায় নিজের মায়ের সাথে কর্কশ ভাষায় কথা বলা রুবা শেষে নিজের জীবনের অভিজ্ঞতায় মায়ের ভূমিকাকেই প্রতিষ্ঠা দিতে চায়। মায়ের সাথে ছাদে রুবার কথোপকথনের দৃশ্যটা খুবই গুরুত্বপূর্ণ। কিন্তু দুঃখজনকভাবে বলতে হচ্ছে যে, মায়ের চরিত্র রূপদানকারী কারেক্টারের অপরিপক্ক আড়ষ্ট অভিনয় বিরক্তির উদ্রেকই করেছে শুধু। এই গুরুত্বপূর্ণ চরিত্রে মহিলার সাবলীল অভিনয় প্রত্যাশা ছিল।

মূল কাহিনি : ফারুকী'র এই চলচ্চিত্রে রুবা একজন অবিবাহিতা নারী, যে মুন্না'র সাথে বসবাস করতো। কিন্তু হঠাৎই খুন করার অভিযোগে মুন্নাকে জেলখানায় বন্দী হতে হয়, আর তখনই একলা নারীর জন্য এই সমাজ কতটা সমস্যাসঙ্কুল তা বিভিন্ন অভিজ্ঞতার মধ্য দিয়ে রুবা'র কাছে স্পষ্ট হয়ে ওঠে। রুবার পুরোনো বন্ধু তপু এক সময় সাহায্যের হাত বাড়িয়ে দেয়, এবং ক্রমশ রুবা তপু'র প্রতি আকর্ষণ অনুভব করতে শুরু করে। রুবার মধ্যে মানসিক টানাপড়েন টা প্রকাশ এবং পরিণতি পায় মাল্টিপল পার্সোনালিটির কথোপকথনের মাধ্যমে।

এক পর্যায়ে তপু-রুবা একই ফ্লাটে থাকছে, আলাদা আলাদা রুমে। রাতের বেলা প্রথমাংশের এই সব বৃদ্ধদের মতই মিলনের ইচ্ছায় তপু রুবার রুমের সামনে ঘোরাঘুরি করে, মাঝে মাঝে দরজা নক করে। রুবা সবই বুঝে কিন্তু সরাসরি সম্মতি দেয় না। ঠিক পরের দৃশ্যে, একই উদ্দেশ্যে রুবাকেও ঘোরাঘুরি করতে দেখা যায়। ঠিক এই মুহূর্তেই রুবার সামনে হাজির হয় তার ১৩ বছরের মন। রুবাকে তপুর প্রতি শারীরিক আকর্ষণ হতে দূরে রাখতে রুবার মনের এক অংশ সবসময় রুবার সাথে ঝগড়া করতে থাকে। এই সমস্যায় রুবা মানসিক চিকিৎসকেরও কাছে যায়। প্রথমে মাঝে মাঝেই রুবা মুন্নাকে দেখতে যেত। কিন্তু চাকরি এবং তপুর কারণে সেটা ধীরে ধীরে কমতে থাকে, একপর্যায়ে মুন্নাই আর রুবার সাথে দেখা করতে চায় নায়। তপু রুবাকে পাওয়ার আকাঙ্ক্ষা বার বার প্রকাশ করে যায়। রুবা বোঝে এবং এটাকে সে কোন প্রকার অসৎ উদ্দেশ্য বলে মনে করে না, যেমনটা সে প্রথমের বৃদ্ধদের ক্ষেত্রে মনে করত। উলটা রুবা নিজেই তপুর আহ্বানে সাড়া না দেবার কারণে অস্বস্তি বোধ করে। এক পর্যায়ে রুবা তপুর

আকাঙ্ক্ষা সম্মতি জানিয়ে তপুকে তার ঘরে আসতে বলে। তপু লাফাতে লাফাতে হাজির হয় রুবার ফ্লাটে। গিয়ে দেখে রুবা নাই। রুবা আবার তার ১৩ বছরের মনের প্রভাবে তপুর কাছে নিজেকে সমর্পনে অসম্মতি জানায়।

আমর ক্রমশই ধারণা হচ্ছে যে সিনেমাটোগ্রাফীতে ফারুকী তার নিজস্ব একটি গণ্ডিবদ্ধ অবস্থানে আটকে যাচ্ছেন। তার এই সিনেমার কাহিনীতে আমাদের নাগরিক জীবনের প্রেক্ষাপটে কিছু পরীক্ষামূলক কাজ করার চেষ্টা করলেও সেগুলো তার স্টেরিওটিপিকাল কাঠামোর বাইরে যেতে পারেনি। ছবিটির শেষাংশের অন্য নাটক/মুভিগুলোর মত সম্পর্কগত দ্বন্দ্বের বিষয়টি এ বিষয়কে আরো বেগবান করে।

ছবিটা যেভাবে শুরু হয়েছে পরবর্তীতে তা সেভাবে পূর্ণতা নিয়ে এগোয়নি। কোনো যুক্তিগ্রাহ্য কারণ ছাড়া একটা মেয়ে কেন মাঝ রাত্রে পথে নেমে পড়বে তা বোধগম্য নয়। রুবা শিক্ষিত, সংস্কৃত। তার উচ্চ পর্যায়ের বন্ধুবান্ধবও আছে। তাদের কাউকে ফোন করে নিয়ে যেতে বললেই চলত। আমার মনে হয় দর্শকের কল্পনাকে উসকে দিতেই এই দৃশ্যগুলো সাজানো হয়েছে। বলাবাহুল্য মোশাররফ করিম এখন টাইপড। যেভাবেই হোক তাকে সে রকমই দেখাতে হবে- এই প্রবণতা হালের পরিচালকদের মধ্যে দৃশ্যমান। মোশাররফের বাবা নিরাবেগ রোবটের মত যে রকম যাত্রার ঢঙে শাসন করলেন তা কাহিনি বিন্যাসকে খাপছাড়া করে। হঠাৎ করে তপুর মত প্রতিষ্ঠিত কারো আগমন অনাকাঙ্ক্ষিত ও দৃশ্যত আরোপিত। সর্বোপরি ছবির আখ্যানভাগ বাস্তবতা বর্জিত বলেই আমি মনে করি।

সাম্প্রতিক তথ্য: সম্প্রতি অনুষ্ঠিত একাদশ ঢাকা আন্তর্জাতিক চলচ্চিত্র উৎসবে এই ছবিটির জন্য ফারুকী সেরা পরিচালকের পুরস্কার পেয়েছেন। ৮৩তম একাডেমি অ্যাওয়ার্ড (অস্কার) প্রতিযোগিতায় 'বিদেশি ভাষার ছবি' বিভাগের জন্য বাংলাদেশ থেকে পাঠানো হচ্ছে থার্ড পারসন সিঙ্গুলার নাম্বার ছবিটি [সূত্র: প্রথম আলো]। বাংলাদেশ ফেডারেশন অফ ফিল্ম সোসাইটিজ এবার ছবিটি পাঠানোর সিদ্ধান্ত নিয়েছে। গতকাল বুধবার দুপুরে রাজধানীর একটি রেস্তোরাঁয় আয়োজিত সংবাদ

সম্মেলনে এ ঘোষণা দেওয়া হয়। এবার তিনটি ছবি জমা পড়েছে। ছবিগুলো হলো জাগো, গহিনে শব্দ ও থার্ড পারসন সিঙ্গুলার নাম্বার। এর মধ্য থেকে নয় সদস্যের অস্কার বাংলাদেশ কমিটি মোস্তফা সরয়ার ফারুকী পরিচালিত থার্ড পারসন সিঙ্গুলার নাম্বার ছবিটিকে চূড়ান্ত করেছে।

শেষকথা: যারা এখনও দেখেননি, দেখার জন্য অনুরোধ করছি। লিংকটা নিচে দিয়ে দিলাম (তবে কপিরাইট আছে কিনা জানি না, ক্ষমা করবেন) । বলা যায় না আলসেমির জন্য আমার মত প্রথম প্রথম খোজাখোজির ঝামেলার মধ্যে নাও যেতে পারেন।

লিংক: http://www.youtube.com/watch?v=LOIawofn_Aw

শেষকথাঃ

ভাল লাগার একটি গান

স্থান: অন্টারিও, কানাডা | সময়: সেপ্টেম্বর ২০১৫

বইটি শেষ করছি আমার সুপ্ত একটা শখ দিয়ে। সবারই নানারকম শখ থাকে। আমারও আছে। তার মধ্যে একটা হল মরনকালীন শখ। আয়োজন করে মৃত্যুকে উপভোগ করার শখ। আমি যখন মারা যাব, ঠিক তখন আমি চাই আবহ সঙ্গীত হিসেবে নিচের গানটা বাজুক। তখন থাকবে গভীর রাত। ঘরের সকল দরজা-জানালা খোলা থাকবে। বাতাসে পর্দা উড়তে থাকবে। ঘরে থাকবে শুধু একটি আধো-জ্বলা মোমবাতি। সেই মোমবাতির ম্লান আলোয় সবকিছু আবছা দেখা যাবে। সেদিন যদি হয় পূর্ণিমার রাত, তাহলে তো সোনায় সোহাগা। জ্যোৎস্নার আলো উপচে পড়বে আমার বিছানায়। আমার দুর্বল শরীর স্নান করব সে আলোয়। সে স্নানে ধুঁয়ে-মুছে যাবে আমার সকল অপ্রাপ্তি, অতৃপ্তি। সেই বিছানার ধারে শুধু আমার একজন প্রিয় মানুষ বসে আমার মাথায় পরম মমতায় হাত বুলিয়ে দিতে থাকবে। তার ভালোবাসার চোখের পানি আমার গালে টপটপ করে পড়তে থাকবে। জানালার ধারে ঝুলতে থাকবে একটি পাখির খাঁচা। বাইরে অনুচ্চস্বরে চাঁপা কান্না শোনা যাবে। তখন হুহু করে বাতাস বইতে থাকবে। একটু শীত শীতও করবে। ঠিক তখনই আমার প্রাণটা উড়ে চলে যাবে পরপারে। আর আমার প্রাণটা যাওয়ার সময় খাঁচা থেকে পাখিটি মুক্ত করে দেওয়া হবে।

গানটি হলঃ সোনায় হায় হায় রে... - ফযলুর রাহমান বাবু (মনপুরা)।

www.ingramcontent.com/pod-product-compliance
Lightning Source LLC
Chambersburg PA
CBHW061147170426
43209CB00011B/1578
9781738269167